元宇宙未来应用

马岩松◎著

中华工商联合出版社

图书在版编目(CIP)数据

元宇宙未来应用 / 马岩松著. —北京：中华工商联合出版社，2022.4

ISBN 978-7-5158-3383-5

Ⅰ.①元… Ⅱ.①马… Ⅲ.①信息经济—研究 Ⅳ.①F49

中国版本图书馆CIP数据核字（2022）第056873号

元宇宙未来应用

作　　者：	马岩松
出 品 人：	李　梁
责任编辑：	胡小英
装帧设计：	回归线视觉传达
责任审读：	李　征
责任印制：	迈致红
出版发行：	中华工商联合出版社有限责任公司
印　　刷：	香河县宏润印刷有限公司
版　　次：	2022年5月第1版
印　　次：	2022年5月第1次印刷
开　　本：	710mm×1000mm　1/16
字　　数：	220千字
印　　张：	14
书　　号：	ISBN 978-7-5158-3383-5
定　　价：	58.00元

服务热线：010—58301130—0（前台）
销售热线：010—58302977（网店部）
　　　　　010—58302166（门店部）
　　　　　010—58302837（馆配部、新媒体部）
　　　　　010—58302813（团购部）
地址邮编：北京市西城区西环广场A座
　　　　　19—20层，100044
http://www.chgslcbs.cn
投稿热线：010—58302907（总编室）
投稿邮箱：1621239583@qq.com

工商联版图书
版权所有　侵权必究

凡本社图书出现印装质量问题，请与印务部联系。

联系电话：010—58302915

前言

元宇宙，一个让Facebook改名的"新事物"

2021年，一个消息震惊全球，扎克伯格宣布将Facebook更名为Meta，正式向"元宇宙"企业转型。

其实2021年，元宇宙概念早已风靡全球，不仅Facebook，国内外许多大型企业也为此动作频频。

2021年4月，字节跳动斥资1亿元投资元宇宙概念公司代码乾坤，同年9月，又以90亿元高价收购VR企业PICO；同年7月、8月、9月，腾讯陆续投资与元宇宙概念相关的公司，比如卓艺工坊、魂起网络。

Facebook除了改名，还加大对VR眼镜Oculus Quest 2的投资；2021年8月，微软宣布"企业元宇宙"解决方案，同一时间，英伟达也正式推出"工业元宇宙"平台Omniverse。

这一连串的事件与预测数字，既让人震惊又让人疑惑：

"元宇宙是什么？"

"为什么大企业纷纷入局元宇宙？"

"元宇宙为什么能带来这么大的市场红利？"

"如果我也入局元宇宙，需要做出什么行动？"

……

那么元宇宙到底是什么呢？

它是21世纪的"出埃及记"？还是人类未来漫游宇宙的指南？又或者只是一只刚好被互联网吹上风口的"猪"？每个人眼中都有自己的哈姆雷特，同样，每个元宇宙入局者也都有属于自己对元宇宙的理解。

尽管如此，但人们对元宇宙都有一个共同的期待——一个全新的、庞大的、新的红利市场。所以，为了率先分得市场的大蛋糕，国内外企业都争先入局元宇宙。

那么，元宇宙为什么能产生这么大的红利呢？

因为元宇宙是利用科技手段进行链接与创造的，与现实世界映射交互的，具备新型社会体系的数字生活空间。它能涵盖世间万物，不受时间、空间、其他不确定性因素的影响，是一个再造的世界。在这个世界中不仅能产生现实世界的红利，还能产生现实世界受条件限制不能产生的红利。

可是，要如何获得这份红利呢？各个企业根据自己的理解、优势已经开始打造元宇宙雏形，虽然每个企业出发点不同、操作方法不同，但是都具备打造元宇宙的一些必要条件。

关于元宇宙的具体情况又如何呢？全书以"元宇宙"为主题，以对元宇宙的认知、元宇宙的基因、元宇宙的价值、元宇宙的场景、元宇宙的技术、元宇宙的入口、元宇宙的趋势七大角度为切入点，详细深入地解答关于"元宇宙"的各种问题。

目录

第一章 认知：元宇宙是互联网的下一代继承者

1.1 概念定义：元宇宙是互联网的"新事物" / 2
    1.1.1 元宇宙的概念起源 / 2
    1.1.2 元宇宙的技术发展 / 3
    1.1.3 元宇宙的理解维度 / 4

1.2 爆发原因：宏观与微观的双向作用 / 6
    1.2.1 宏观原因 / 7
    1.2.2 微观原因 / 8

1.3 现实关系：差异→融合→一体 / 10
    1.3.1 差异化阶段 / 10
    1.3.2 相融合阶段 / 11
    1.3.3 共同体阶段 / 12

1.4 发展历程：抽象观念—虚拟载体—具象还原 / 14
    1.4.1 历程一：抽象观念 / 14
    1.4.2 历程二：虚拟载体 / 15
    1.4.3 历程三：具象还原 / 16

1.5 渗透路径：娱乐端、文化端、工作端、生活端 / 18
    1.5.1 娱乐端：游戏平台 / 18
    1.5.2 文化端：数字收藏 / 19

1.5.3 工作端：办公软件 / 20

1.5.4 生活端：体验场景 / 21

第二章　基因：掌握可运行元宇宙的构成要素

2.1　ID：拥有一个或多个新身份 / 24

　　2.1.1 去中心化身份 / 25

　　2.1.2 保护用户隐私 / 25

　　2.1.3 辨别信用用户 / 26

　　2.1.4 识别地址真伪 / 26

　　2.1.5 保证交易安全 / 27

2.2　朋友：与不同的人进行社交 / 28

　　2.2.1 "技术"是搭建元宇宙社交的桥梁 / 29

　　2.2.2 "虚拟"是用户愿意进行元宇宙社交的关键 / 30

　　2.2.3 "信任"是元宇宙社交得以持续发展的核心 / 31

2.3　沉浸：让人分辨不出自己在另一空间 / 32

　　2.3.1 用显示设备打造视觉沉浸感 / 33

　　2.3.2 用交互设备打造触觉沉浸感 / 34

　　2.3.3 用 AI 系统捕捉正确声音 / 35

2.4　实时：保证所有信息不被延迟 / 37

　　2.4.1 5G 增强 VR 低延迟体验 / 37

　　2.4.2 边缘计算支撑元宇宙实时性 / 40

2.5　多元：不受限制的丰富内容 / 42

　　2.5.1 留住用户所有时间，用户卸掉需求负累 / 43

　　2.5.2 元宇宙的内容比现实世界更丰富 / 45

2.6　经济：建立元宇宙消费闭环 / 46

2.6.1 元宇宙经济系统构成要素 / 46
2.6.2 元宇宙经济系统的特征 / 47
2.6.3 打造元宇宙经济系统需考虑的问题 / 48

2.7 文明：像创造人类文明一样创造元宇宙文明 / 51
2.7.1 智能是元宇宙文明的核心 / 51
2.7.2 元宇宙文明需架构正确的世界观 / 52

第三章 价值：元宇宙绝不只是让游戏更好玩

3.1 推动内容、算力、体验、决策、商业的变革 / 56
3.1.1 内容生成变革 / 57
3.1.2 算力需求变革 / 57
3.1.3 用户体验变革 / 58
3.1.4 决策方式变革 / 58
3.1.5 商业场景变革 / 59

3.2 元宇宙带来新的资源配置方式 / 60
3.2.1 不受生产资源限制 / 60
3.2.2 保证资源的唯一性 / 61
3.2.3 改变现实世界资源配置方式 / 62

3.3 虚拟与现实的结合，产生新商业生态 / 64
3.3.1 新商业生态下的类别层级 / 64
3.3.2 新商业生态下的企业动向 / 66
3.3.3 新商业生态下的实体商业 / 67

3.4 拓宽新消费场景，带来更大想象力市场 / 69
3.4.1 线上沉浸体验改变零售消费模式 / 69
3.4.2 改变文旅行业的旅游消费模式 / 71

3.5　走出移动互联网发展困境 / 74
　　3.5.1 当下互联网的发展瓶颈 / 74
　　3.5.2 元宇宙如何解决互联网发展痛点？ / 76

第四章　场景：元宇宙在当下行业的实际应用

4.1　游戏：第一个应用元宇宙的行业 / 80
　　4.1.1 游戏适合元宇宙的原因 / 81
　　4.1.2 元宇宙游戏的特点 / 82
　　4.1.3 元宇宙游戏的应用要点 / 83

4.2　电影：打破现实界限，提升视听体验 / 85
　　4.2.1 元宇宙电影的定义 / 86
　　4.2.2 元宇宙电影的亮点 / 86
　　4.2.3 元宇宙要素在电影里的体现 / 87

4.3　会展：不受时间、空间、地点影响 / 89
　　4.3.1 元宇宙对会展行业的正向推动 / 90
　　4.3.2 元宇宙展会形成新场景 / 93

4.4　社交：打造交友新方式，掀起社交新浪潮 / 95
　　4.4.1 社交与元宇宙相互作用 / 95
　　4.4.2 社交对元宇宙的具体应用 / 97

4.5　艺术：数字藏品，开启收藏品行业新类别 / 99
　　4.5.1 数字藏品助力元宇宙经济系统建立 / 100
　　4.5.2 数字藏品 VS 传统藏品 / 101
　　4.5.3 数字藏品帮助品牌打造元宇宙 / 102

4.6　地产：一块虚拟土地卖出2700万元 / 103
　　4.6.1 投资价值催生元宇宙房地产 / 104

4.6.2 元宇宙地产的发展史 / 105

4.6.3 元宇宙房产如何估价 / 106

4.7 办公：实现打工人的工作自由 / 109

4.7.1 云桌面解决移动和协同问题 / 110

4.7.2 VR设备解决沉浸感问题 / 111

4.8 电商：打造虚拟经济新零售 / 113

4.8.1 打破增量桎梏，提供真实体验 / 114

4.8.2 元宇宙电商的三种实现方式 / 115

4.9 医疗：提升医学技术，提高生命长度 / 118

4.9.1 麻醉镇痛 / 119

4.9.2 神经科学 / 119

4.9.3 术前模拟 / 120

4.9.4 医疗培训 / 120

4.9.5 医患沟通 / 121

4.10 金融：银行数字化的大航海时代 / 122

4.10.1 元宇宙改变银行业务 / 123

4.10.2 数字资产是构建元宇宙金融的核心 / 124

4.10.3 支付与元宇宙的关系 / 125

第五章 技术：核心技术构建元宇宙全生态

5.1 用人机交互技术打造元宇宙沉浸式体验感 / 128

5.1.1 人机交互技术发展历程 / 129

5.1.2 人机交互技术的分类 / 129

5.1.3 人机交互技术的具体应用 / 130

5.1.4 人机交互技术的未来发展 / 132

5.2 网络计算技术实现低延迟 / 133
    5.2.1 网络计算技术一：5G 网络 / 134
    5.2.2 网络计算技术二：云计算 / 135
    5.2.3 网络计算技术三：边缘计算 / 137

5.3 人工智能构建虚拟世界 / 139
    5.3.1 人工智能的定义 / 139
    5.3.2 人工智能的优势 / 140
    5.3.3 人工智能的构成 / 141
    5.3.4 人工智能的应用 / 142

5.4 物联网技术满足多元化方式接入元宇宙需求 / 144
    5.4.1 物联网关键技术 / 145
    5.4.2 物联网必备要素 / 146
    5.4.3 物联网具体应用 / 147

5.5 区块链实现元宇宙去中心化经济系统 / 148
    5.5.1 区块链的特性 / 149
    5.5.2 区块链的类型 / 149
    5.5.3 区块链的架构 / 150
    5.5.4 区块链的应用 / 151

5.6 电子游戏技术支撑元宇宙世界真实感 / 153
    5.6.1 元宇宙带来电子游戏新类别 / 153
    5.6.2 元宇宙与电子游戏相互成就 / 154
    5.6.3 电子游戏核心技术与元宇宙共通 / 155

第六章 入口：根据元宇宙架构进行产业链布局

6.1 体验层：让用户获得非物质化的新体验 / 158

6.1.1 游戏体验：更加沉浸、更加忠诚 / 159
　　　6.1.2 社交体验：游戏化与虚拟化的结合 / 160
6.2 发现层：聚焦于如何把人们吸引到元宇宙的方式 / 163
　　　6.2.1 广义上的发现系统 / 163
　　　6.2.2 元宇宙主动发现机制的核心 / 164
　　　6.2.3 元宇宙的被动发现机制 / 165
6.3 创作者经济层：打造创造新体验的工具 / 167
　　　6.3.1 创作者经济层的特点 / 168
　　　6.3.2 元宇宙的内容需要创作者 / 168
　　　6.3.3 变现驱动创作者创作 / 170
　　　6.3.4 为创作者提供创作工具 / 171
6.4 空间计算层：构建元宇宙虚拟世界将其3D化、立体化 / 173
　　　6.4.1 3D引擎 / 173
　　　6.4.2 VR/AR/XR/MR / 175
　　　6.4.4 人工智能 / 176
6.5 去中心化层：提供独一无二的身份ID / 178
　　　6.5.1 中心化到去中心化的过程 / 178
　　　6.5.2 区块链是去中心化层的核心技术 / 180
6.6 人机交互层：让设备与人类结合得更紧密 / 182
　　　6.6.1 无沉浸：Facebook收购Oculus / 183
　　　6.6.2 初级沉浸：2016年是VR产业元年 / 183
　　　6.6.3 中级沉浸：5G推动VR逐渐生态成型 / 185
　　　6.6.4 高度沉浸：满足初级元宇宙沉浸感要求 / 186
6.7 基础设施层：让元宇宙得以实现的底层技术 / 188
　　　6.7.1 网络通信基础设施：5G / 188
　　　6.7.2 算力基础设施：云计算 / 189

6.7.3 图形处理基础设施：GPU / 191

第七章 趋势：元宇宙的下一步走向哪儿

7.1 个人身份价值将被重塑 / 194

  7.1.1 更自由的身份体验带来更多价值 / 194

  7.1.2 每一个数字形象构成都能产生价值 / 196

7.2 社群将成为主流组织方式 / 197

  7.2.1 元宇宙社群分配方式：收益农耕 / 198

  7.2.2 元宇宙社群价值创造：分布协同 / 200

7.3 核心技术更新速度加快 / 202

  7.3.1 元宇宙需求推动核心技术发展 / 202

  7.3.2 元宇宙用户成为技术更新者 / 203

7.4 经济形态改变，数字经济将成主流 / 205

  7.4.1 数字经济的应用技术 / 205

  7.4.2 数字经济的四大特性 / 206

  7.4.3 数字经济的四大体现 / 207

7.5 未来挑战：直接决定未来发展前景 / 209

  7.5.1 社会认可挑战 / 209

  7.5.2 数据安全挑战 / 210

  7.5.3 经济系统挑战 / 210

  7.5.4 生态秩序挑战 / 211

  7.5.5 适用法律挑战 / 211

第一章 认知：
元宇宙是互联网的下一代继承者

"元宇宙"（metaverse）一词被炒得沸沸扬扬，相关新闻更是层出不穷。但这几年过度膨胀的市场上，每过一段时间就会出现一些新的概念，这些新概念就像是被吹上风口的猪，有些真正上了天，有些落了地最终却消失在湍急的信息洪流之中。那么，元宇宙会成为成功登天的猪吗？在回答这个问题之前，我们需要了解元宇宙到底是什么！

1.1　概念定义：元宇宙是互联网的"新事物"

什么是元宇宙？百度百科这样解释道：元宇宙是通过数字化形态承载的与人类社会并行的平行宇宙，借由如增强现实（AR）、虚拟现实（VR）和互联网（Internet）、5G技术、电子游戏技术、超强储存等一众新兴高科技带来身临其境的沉浸感，可以认为元宇宙是在传统网络空间基础上，伴随多种数字技术成熟度的提升，构建形成的既映射于现实世界又独立于现实世界的虚拟世界。其核心主导思想就是在"元宇宙"的平台上，将现实社会中的娱乐、工作、社交扩展到虚拟世界中，享受虚拟世界带来的娱乐、工作和社交的便利。

1.1.1 元宇宙的概念起源

"元宇宙"英文名称为METAVERSE，这个词语诞生于1992年出版的一本科幻小说《雪崩》，书中描述了一个脱胎于现实世界、又和现实世界平行、相互映射影响的虚拟世界，作者将整个虚拟世界称为"METAVERSE"。

其思想源头则是美国数据家和计算机专家弗诺·文奇教授在1981年出版的小说《真实姓名》，书中创造性地构思了一个通过脑机接口进入并获得感官体验的虚拟世界。

实际上，如今的元宇宙并不是一个新概念，更准确地形容应该是经典概念的重生，它在条件成熟的环境下被人们重新挖掘出来，在高科技的加持下得到了重生，成为当下的"元宇宙"。

1.1.2 元宇宙的技术发展

一个概念要应用到现实中，需要技术的支撑，那么元宇宙的技术源头在哪里呢？具体如表1-1所示。

表1-1 元宇宙应用技术发展

时间点	创造者	发明产品	具体情况
1929年	EdwinA. Link	飞行模拟器	可以让乘坐者获得和坐飞机一样的真实体验，后得益于计算机技术的发展，该飞行模拟器又演变为大屏幕显示器、全景式情景产生器
1956年	Morton Heilig	多通道仿真体验系统 Sensorama	从全息电影技术中获得了灵感，成功解决了虚拟产品的沉浸感痛点
1976年		反馈装置研究计划	该装置可以把物理压力通过用户接口传递给用户，让用户获得计算机仿真力的体验
1968年		虚拟现实系统	奠定三维立体技术的基础
1983年	Stone和Hennequin	数据手套	检测手部位置和姿态

续表

时间点	创造者	发明产品	具体情况
1984年	McGreevy和J. Humphries博士	虚拟环境视觉显示器	构造火星表面的三维虚拟环境
1990年	SIGGRAPH国际会议	对VR技术定义	三维计算机图形学技术,采用多功能传感器的交互式接口技术,以及高清晰度显示技术
1991年	世嘉		开始在家用VR头显开发虚拟现实
2004年	千原国宏	嗅觉模拟器	把虚拟空间里的水果拉到鼻尖上一闻,装置就会在鼻尖处散发出水果的香味
2010年	Palmer Luckey	Oculus Rift的第一个原型机	
2012年	谷歌公司	"拓展现实"的眼镜	
2015年开始	谷歌、微软、苹果、腾讯、华为等	投资各大虚拟产品开发企业	
2021年	Roblox	将元宇宙技术应用于游戏	成功上市

1.1.3 元宇宙的理解维度

如何进一步理解元宇宙的概念？我们可以尝试从以下三个角度入手：

维度一：信息获得的升维。

以往人类获取信息渠道大致可以分为三个阶段：

阶段一：从纸质书到广播，从视觉到听觉的升维；

阶段二：从广播到电视，从单个听觉感知到视听双感知的升维；

阶段三：从电视到互联网，从视听双感知到全面感知的升维。

传统互联网带给人类的感知和体验是冰冷的、单方面的，人类只能从互联网中被动地接受知识，元宇宙的出现，则是人类获取信息渠道的又一次升维，它能让人类获得沉浸式的、互动式的参与感体验。其实就是增加了体感维度，通过 VR 等技术，加强了人类其他感官的参与。随着其他新技术的加入，元宇宙给人们带来了更加逼真的虚拟世界，给了人类更为真实和丰富的体验。这种体验可以让人类更容易地获取到信息，并对获取到的信息有更深入的理解。

维度二：智能世界的升级。2007 年，乔布斯发布了第一台苹果手机，这标志着人类正式进入了智能时代，智能手机则成为开启人机交互新纪元的标志。而元宇宙所带来的更加便捷、真实、自然、实时的智能操作方式，则开启了人机交互的新时代，是智能世界的升级。在之前的人机交互时代，打字和触摸屏幕，都需要人去迁就机器，去适应机器。而元宇宙下的人机交互方式则变成了在机器生成的虚拟世界中，人类能更按照自己的习惯方式去更轻松自然地互动。在虚拟世界中，人类的每一个肢体，甚至是味觉、嗅觉、眼神，都能按照自己的想法，去更加自然轻松地互动。

维度三：世界构造的升级。元宇宙的体积是无法测量的，数量也是无法预估的，到底未来只会有一个元宇宙，还是会涌现出无数个元宇宙，是不是每家企业都能制造出自己的元宇宙？我们从当下互联网这个角度来思考，虽然只有一个互联网，但是无数个互联网社群构成了一个庞大的互联网。因此，未来可能只会有一个元宇宙，但这个元宇宙也是由无数个小世界构成的。元宇宙是个大的基础设施，只要愿意就能参与其中，或是设计，或是互动。

1.2 爆发原因：宏观与微观的双向作用

2021年12月7日到9日，三天时间内奶茶品牌"奈雪的茶"斩获GMV近2个亿，这对于奶茶品牌而言，是一个非常庞大的数字。为什么作为客单价并不高的奶茶能卖出如此高的销售额？受到这么多消费者的支持？原因就是奈雪的茶抓住了元宇宙的契机，进行了NFT艺术品营销。品牌方在线上推出虚拟NFT艺术品，将奈雪品牌的虚拟人物"奈雪"包装成收藏级潮玩艺术品，含隐藏款在内共7款，全球发行300份，且只在线上唯一发售不制作实物。

不仅是奈雪的茶，全球各大巨头企业也纷纷加入元宇宙市场，比如Facebook为了发展元宇宙改名为Meta；被称为元宇宙第一股的Roblox成功上市；微软、英特尔、腾讯、华为、百度、阿里巴巴……也动作频频。

这些都足以说明，"元宇宙"真的火了！可是元宇宙的概念早就出现了，为什么直到2020年才被众人熟知，且受到各大企业追捧？技术的成熟虽然是原因，但却不是最核心的理由。那么核心理由是什么呢？我们可以从宏观和微观两个方面去理解。

1.2.1 宏观原因

从宏观角度来看，元宇宙之所以会在 2020 年开始爆发，主要有以下几个原因：

第一，政策推动。2020 年，我国提出要加强发展新基建，基建产业涉及的核心技术，如人工智能、5G、云计算、区块链等都与元宇宙相关。在大环境支持下，元宇宙的核心技术得到了发展，而元宇宙自然能更顺利地出现。

第二，社会需求。现在越来越多的人选择"宅生活"，喜欢在家里拿着手机在互联网上开派对，与好友视频聊天，或是在互联网游戏中寻找快乐，因而他们对互联网的要求更高，元宇宙的出现显然更能满足他们的需求。尤其是疫情防控期间，这种需求更加明显。

第三，经济下滑。因为疫情，各国的经济明显下滑，尤其是实体经济。而元宇宙的出现就意味着能带来更多新的盈利方式，改变因疫情暴发而出现的经济下滑情况。此外，元宇宙的"虚拟经济"对于一些实体经济落后的地区，也是弯道超车的机会。

第四，技术应用。人工智能、AR/VR 等新技术早已出现，这几年也一直在被各行各业应用。但是经过初步应用后，这些新技术不管是技术关键点的突破，还是技术在各行业的应用，其发展都遭遇了瓶颈。元宇宙的出现，对新技术的要求更高，可以促使想获得元宇宙红利的相关技术企业加大投资，以提升技术水平。此外，关于技术应用方面，元宇宙涵盖的内容非常丰富，可以充分满足相关技术的应用。

1.2.2 微观原因

市场有需求，产品才有销量，产品有销量，企业才有利润，企业有利润，才愿意投资。元宇宙为什么能爆发？最主要的原因还是市场有需求，消费者需要元宇宙的出现。

第一，娱乐需求。这是从人类诞生开始就存在的需求，满足娱乐需求的方式多种多样。但是，随着现代社会经济、物质的极大丰富，人们对娱乐需求的要求越来越高，传统娱乐需求已经无法满足。元宇宙的出现，让人们体验到了一种前所未有的快乐。元宇宙最容易接入的场景就是游戏，而人类最擅长的方式就是游戏，而元宇宙游戏比起传统游戏更有沉浸感，玩法更加丰富，操作更加便捷。

第二，社交需求。没有人天生喜欢"孤独"，每个人都需要社交。但是现代社会的人类对社交的要求极高，传统的社交方式与社交结果根本无法满足他们的社交需求。但在元宇宙中，社交范围可以更广，因为元宇宙不受时间、空间的限制，社交效果可以更好，因为元宇宙的去中心化机制，可以隐藏个人身份，让人们可以完全通过喜好而社交，而不是因为财富和地位而社交。

第三，高级需求。在马斯洛需求层次理论里，人类的需求分为五层：第一层生理需求，第二层是安全需求，第三层是归属感，第四层是尊重需求，第五层是自我价值实现需求。当下社会的人类已经基本满足了第一到第三层的基础需求，因而现在的他们在奋力追求第四层、第五层的高级需求。但是这类需求在现实社会中满足的难度较大，因而他们更愿意通过虚拟世界来满足自己的高级需求，元宇宙这个虚拟世界显然更容易满足他们的需求，就像是电影《失控玩家》的主人公一样，在现实中遭受了挫败，在虚拟世界中却获得了极大的成功感。

1.3 现实关系：差异→融合→一体

近 40 年来，全球信息产业在飞速发展，大数据、VR、AR、AI、5G 新兴技术陆续出现，并不断发展，元宇宙就是在信息产业飞速发展的环境中诞生的。在元宇宙诞生后，它与现实世界的关系大致会经历三个阶段。

1.3.1 差异化阶段

在这个阶段，互联网虚拟世界在不断发展，各个系统、软件、应用、游戏、平台如雨后春笋般涌入，并逐步渗透进人类的现实生活中，人类生活中处处都有虚拟世界的影子。但是，虚拟世界与现实世界也有着非常明显的差异，人们即使生活在处处都是虚拟世界的环境中，也很容易区分出哪些是真实，哪些是虚拟。就像我们玩电子游戏，你以其中一个玩家的身份进入游戏，这个游戏构造了一个新世界，你在这个世界里到处打怪升级、交友，但是我们仍能清楚地意识到这只是游戏的世界，和现实世界并不同。

在这个游戏中，每个玩家都是单独的个体，而且游戏和我们现实世界关系并不相同，它和淘宝、支付宝、微信、微博等数据并不共通，是互相独立的存在。在这种各自独立的环境中，人类对虚拟世界的"虚拟感"会有更清晰的认识。

1.3.2 相融合阶段

随着新技术的提升，虚拟世界的虚拟体验逐步向真实感靠近，此时的元宇宙已经度过了第一阶段，有了较为完善的技术、文化、体系基础，已经得到用户的认同。此外，因为新技术的提升，原先分散、独立的各个互联网小世界实现了共同共通，被一套或是几套系统串联了起来，形成了一个互联互通的整体。而在现实世界中，各个公司通过新技术在虚拟世界实现自己的目的，与虚拟世界的关系有了交叉点，从而催生了阶段二的与现实世界关系开始相融合的元宇宙。用户可以在这个阶段的元宇宙中实现自己的各种想法，并可能将虚拟世界的成果转化到现实世界中。比如用户可以在虚拟世界中购买或租赁土地、修建建筑物、开公司，而这些最后都能转化为现实的利益。

元宇宙房产就能很好地体现这一点，其实元宇宙中的一部分虚拟空间，用户可以按照现实中地块样式进行开价拍卖，其交易价格频繁刷出新纪录，甚至超出现实世界中许多大城市的实际房产价格。房产在元宇宙中尤其火爆，2021年11月22日至28日的一周时间内，四个最主要的元宇宙房地产交易平台的总交易额达到了6.7亿人民币。

用户在元宇宙中获得了真实的"土地开发商以及炒房团"的体验，因此让元宇宙房产越发火爆。而元宇宙房产的火爆，让现实世界的房地产巨头也开始在虚拟世界中投资，比如香港房地产巨头——新世界发展集团。其 CEO 郑志刚宣布："将投资元宇宙虚拟世界游戏 The Sandbox，并购入其中最大的数字地块，花费金额约为 3200 万元人民币，同时计划在这块虚拟土地上建立 10 家特色公司，包括诊断及基因检测开发商 Prenetics、物流业独角兽 Lalamove、科技配件品牌 Casetify，这些公司将推出 NFT，打造身临其境的体验与娱乐。"

虚拟世界的土地转变成了现实世界的土地，虚拟世界的公司也变成了现实世界的公司，这就是元宇宙与现实世界关系相融合的体现。

1.3.3 共同体阶段

随着技术的发展，虚拟世界与现实世界的融合将越来越多，融合度越来越高，最后两个世界的关系将无法拆分，成为一个共同体，现实世界的方方面面都可以通过虚拟技术来实现，人类将完全融入虚拟世界。在这个阶段，整个社会的世界观、价值观、经济秩序、社会治理体系，都将发生一个颠覆性的变化。这种变化是好是坏，则需要创造元宇宙的人类自己去把控。

当下，大家对元宇宙的讨论，更多的是偏向于虚拟游戏、娱乐、社交层面，如房产一类的涉及的还是较少，其实元宇宙的内涵极为丰富，涵盖商业、工业、产业、贸易、整个社会，上文讲述的元宇宙房产只是其中一小部分。元宇宙与现实直接的关系如果要走向正向的共同体阶段，必然是跨越国际、跨越地域、跨越虚拟与现实后形成的经济系统以及协作分工体系，让人类资源在该体系中做出贡献并创造价值，最终形成一个完整、完善的价值体系，这个价值体系将把现实世界和虚拟世界连起来，最后成为一个共同体。对于人类来说，现实世界就是虚拟世界，虚拟世界就是现实世界，每个人都能在这个世界中获益。

1.4 发展历程：抽象观念—虚拟载体—具象还原

互联网的诞生是为了更好地连接人们，打破人们因时间、空间的信息传递阻碍。在过去的几十年中，互联网技术不断地改变，人们获取信息的渠道也在发生改变，大致可以将之分为三个关键时代：

Web 1.0—Netscape—将我们与互联网连接；

Web 2.0—Facebook—将我们连接到网络社区；

Web 3.0—去中心化—将我们连接到一个拥有虚拟世界的社区。

元宇宙与互联网密不可分，没有互联网元宇宙不可能诞生，因此有不少人认为元宇宙是互联网的升级版。

根据元宇宙的发展情况，其可以大致分为以下三个历程。

1.4.1 历程一：抽象观念

前文有述，"元宇宙"这个词语诞生于 1992 年出版的一本科幻小说《雪崩》，书中描述了一个脱胎于现实世界，又和现实世界平行、相互映射影响的虚拟世界，作者将整个虚拟世界称为"METAVERSE"；其思想则来自美国数据家和计算机专家弗诺·文奇教授在 1981 年出版的小说《真实姓名》，书中创造性地构思了一个通过脑机接口进入并获得感官体验的虚拟世界。

当时的"元宇宙"在现实世界中并未出现，只是人们对"另一个世界"的想象构造。即使早前已经有许多和"体验感""虚拟模仿"相关的技术出现，但尚未与"元宇宙"的打造联系上。

因此，这个时代的元宇宙还活在人们的想象中，并不真实。不过，与之相区别的是，在元宇宙这个概念出现后，有不少先行者认为这是可以实现的，并为之付出了努力。

1.4.2 历程二：虚拟载体

当人们认识到"元宇宙"可能存在后，就开始为实现这个概念做出努力，随着各种技术和产品的出现，"元宇宙"这个虚拟想象出来的新世界也有了虚拟载体。比如电子游戏、电影动漫等，人类对"元宇宙"的想象在这些载体中得到了实现，人们通过电脑端口、VR 设备、屏幕，进入了"元宇宙"世界，并获得了与现实世界相似的真实体验感。

电影《失控玩家》讲述了一个平凡的银行出纳员盖（瑞安·雷诺兹饰），发现自己其实是开放世界电子游戏中的背景角色，于是决定成为英雄，并改写自己的故事。在一个没有限制的虚拟世界里，他希望通过自己的方式拯救他的世界。在电影里，现实世界的人戴上 VR/AR 眼镜，就可以进入虚拟的游戏世界。

《失控玩家》的出现，让原先还是"抽象观念"的元宇宙有了一个虚拟载体，让人们意识到原来在元宇宙的世界中人类是可以这样行动的。此外，《失控玩家》对于元宇宙理念还做了非常大的贡献，人工智能技术在电影中得到了充分的应用，让NPC不断成长，逐渐接近并可能超过人类的智慧，甚至超越了和用户的界限，能够与人类用户互动，一起完成任务，让虚拟世界充满了无限可能性，而不是只能按照设定好的程序走。而现实中的游戏世界，NPC是设定好的，不具备成长性也不具备智力，这种设定的NPC的存在就是直接提醒用户这是个虚拟世界，破坏用户的真实体验感。

1.4.3 历程三：具象还原

电影《头号玩家》中说："这里是绿洲世界，在这里唯一能限制你的是你自己的想象力"，但是如何把想象中的东西充分展示出来？电影中有了初步实践，但这远远不够，元宇宙如果想要得到进一步的发展，就必须进入"具象还原"阶段，把想象中的"元世界"完全具象地展示出来，让人类感受到"虚拟世界的真实"。

如何具象还原？我们在"虚拟偶像"身上已经看到了雏形。20世纪70、80年代的偶像们有香港四大天王、小虎队；20世纪90、00年代有周杰伦、张杰。不管偶像们是谁，都是活生生的人，粉丝们在偶像们身上得到了一切幻想。但是如今的偶像却已经开始变了，从真实的人变成了虚拟的人，在虚拟偶像身上，粉丝们得到了比真人更好的追星体验。因为真实的人都有缺点，有着各种各样的不足，而虚拟偶像则是按照粉丝们的需求和想象打造出来的，能满足粉丝们的一切幻想。

虚拟偶像，其实就是"元世界"的具象还原雏形，人们的想象力在虚拟人身上得到了完美地还原，比如"初音未来""洛天依"；又比如IP创意孵化机构创壹通过新技术打造出来的虚拟网红——柳夜熙；甚至是清华大学打造的原创虚拟学生何智冰。

尤其是何智冰更是虚拟人的进化，她不但有着宛如真人一样的身材和面容，有一定的推理情感交流能力，更让人惊讶的是她还拥有持续学习能力，能够逐渐长大，变得越来越聪明。此外，她还像满腹才华的清华学子一样，能作诗、作画、创作剧本杀。

虚拟偶像、虚拟人只是"元宇宙"在现实世界中具象还原的一个雏形，如果想要打造完整的元宇宙世界，需要具象还原的部分还有太多太多，他不仅需要具象还原人们对元宇宙的想象力，也需要具象还原人们对元宇宙的需求，让人们在现实世界中无法满足的需求在元宇宙的世界中得到满足。

1.5 渗透路径：娱乐端、文化端、工作端、生活端

元宇宙已经到来，它的能量是不可预估的。未来的元宇宙将影响到人们的方方面面，甚至无时无刻不包围着人类。当然，当下的元宇宙还未成型，还处于初级状态，不过已经逐渐渗透进人类生活的真实世界。现在我们就来看看，它的渗透路径都有哪些。

1.5.1 娱乐端：游戏平台

元宇宙最先渗透的路径就是娱乐端，这个端口的典型代表就是游戏。为什么是游戏？因为元宇宙最先的展现形式就是游戏，并且可追溯到1979年，当时就已经出现了以文字交互为界面的、将多用户连接在一起的实时开放式游戏。此后，多人游戏就开始经历从文字到2D再到3D的演变。2003年美国Linden实验室开发的网络虚拟游戏平台《第二人生》，这是第一个现象级虚拟世界，这个游戏已经有了宇宙属性。在这个游戏中，玩家可以进行许多现实中的活动，比如吃饭、购物、唱歌、驾车、旅游……平台只给用户提供土地，其他的全都需要玩家自己制造。游戏中也有自己的

经济系统，其代币 Linden dollar 可以与法定货币兑换。

2021 年，被誉为元宇宙第一股的 Roblox 上市，正式开始了元宇宙在游戏端的应用。它的上线让人们意识到元宇宙离自己已经如此之近。

1.5.2 文化端：数字收藏

元宇宙的支持技术中有一个关键技术就是 NFT，它具有不可互换性、独特性、不可分性、低兼容性以及物品属性。因此，元宇宙从 NFT 入手，打造具备收藏价值的数字藏品，开始渗透人们的文化生活领域。

NFT 在元宇宙概念全面爆发之前就已经出现了，因此各大元宇宙入局者早早就接收到了"渗透信息"，开始在数字收藏领域里布局。其中包括百度、阿里巴巴、腾讯、京东、小红书、网易等互联网大企业；也有如唯一艺术、红洞科技、蓝猫数字、优版权等中小型企业。

阿里巴巴旗下的支付宝是最早推出数字藏品的平台之一，因产品质量高、售价合理、展示效果好，外加平台的用户资源，数字藏品销售成绩亮眼。

唯一艺术主打"嫦娥元宇宙、敦煌元宇宙"，因其核心 IP 嫦娥、丰子恺、敦煌本就颇受用户欢迎，通过交易平台的打造以及以官方群为单位的粉丝群体，其市场受欢迎程度并不比互联网大企业的数字产品低。

1.5.3 工作端：办公软件

元宇宙是未来生活方式的存在形态，因此它势必会从人们最常态的环境中渗透，而工作是人们生活的重要组成部分，因此从工作端领域渗透，只要在工作场景上给人们带来全新的工作体验，势必会让用户快速接受元宇宙。

元宇宙概念爆火的前夕，持续两年的疫情对全球经济、生产和生活方式产生了深远的影响。一方面，全球化、跨地域的协作并没有因为疫情停下，反而更加依赖于线上渠道，尤其是大型跨国企业，线上远程协同办公的需求更加旺盛；另一方面，国内的办公方式也经历了从疫情初期的全民线上复工，到后疫情时代的居家办公、移动办公和办公室办公等多元办公形态并存的阶段。而这也为元宇宙在工作端的渗透打下了坚实的基础。

2020年9月，Facebook宣布推出VR虚拟办公应用InfiniteOffice，这是一个新功能的集合，可以让用户创建一个虚拟办公空间，以提高工作效率。在InfiniteOffice中，工作者们可享受到广阔的工作空间和多个可定制的屏幕，提高工作效率，同时，Oculus浏览器也将为工作者们提供绝佳的桌面级网络浏览器体验。

1.5.4 生活端：体验场景

对于人们生活端的渗透，元宇宙选择了"面向体验场景"，让人们从各种体验场景中感受到元宇宙带来的好处。元宇宙未来的商业模式可能与智能手机类似，通过体验感增加用户的使用时间，从而逐渐如依赖智能手机一样依赖元宇宙，甚至逐步淘汰掉智能手机。

比如我们经常会通过手机来进行线上教育，但是手机屏幕过小，视频并不清晰，但元宇宙却能给用户带来更真实的线下课程体验。

比如我们经常会通过手机看下线演唱会，但是因为是直播，视听体验远不如现场真实。但是元宇宙却可以给用户带来真实的演唱会现场体验。2020年4月，美国著名流行歌手Travis Scott就在游戏《堡垒之夜》中，以虚拟形象举办了一场虚拟演唱会，吸引了全球超过1200万歌迷的观看。

第二章 基因：
掌握可运行元宇宙的构成要素

元宇宙已经初步展示出它潜在的巨大价值，各大企业、投资人、创业者们也已经入局元宇宙，但是从各种意义上来说，元宇宙的发展处于初级阶段。未来，元宇宙还将在多个方面进一步发展才能变成我们最终期望的样子。但是我们在规划元宇宙下一步发展时需要明确"构成元宇宙的基因是什么"，如果连这些都没有掌握，又谈何下一步的规划发展。

2.1　ID：拥有一个或多个新身份

什么是ID？它是identification的简称，也就是身份标识号码，也称为序列号或账号，是某个体系中唯一的编码，也是一种身份证。在某个环境中，身份标识号一般是不会发生变化的。其标识的载体，可由设计者自己设计，但一般会根据具体的使用环境做设计。比如企业的员工工号，学校的学生学籍号、中国的身份证号码、各个国家的护照号码、互联网的计算机网络网址，等等。不仅是人，就连产品也有标识号码，每个企业生产的产品编码都是不同的，就像我们的图书，也有专属于每本图书的书号。我们有了这个ID，才会在各个生存环境中被识别。

元宇宙构成要素之一就是"身份"，用户可以在元宇宙中获得一个或多个全新的、与现实世界无关的新身份。元宇宙的身份系统是一个独立的、独特的数字人的身份，它具备人格特征，并拥有在元宇宙中自由参与各项活动，与其他人享有共同身份的权利。

元宇宙中"身份"的具体情况如何？它是不是就是我们现实中的身份呢？

2.1.1 去中心化身份

元宇宙的身份指的是去中心化数字身份（DID），是以区块链、分布式正本等底层技术作为支撑。在元宇宙的环境中，DID身份是与现实世界完全脱离的，人们通过这个身份在虚拟世界里重构自己。许多人把DID等同于数字账号，这是极为错误的。因为数字账号是某个互联网平台或是某个应用里的一个账户，各个平台的账户产生的所有行为数据只会记录在各自的平台中，它们不能互通。此外，数字账号不拥有权利，也不承担责任与义务，并不是一个独立的身份，而是依附于线下拥有的真实身份。但是DID在元宇宙中所有的行为记录是共通的，且需要承担相应的权利义务，是一个完全独立于现实世界的身份。

2.1.2 保护用户隐私

全球有三分之二的人口经常在互联网上活动，各种互联网应用服务将人类的现实生活与数字生活联系到一起，并和无数个企业机构、无数个其他个人用户进行互动。而在这互动的过程中，人们越来越重视信息的私密性，因此在冲浪过程中十分谨慎，影响了冲浪体验。而DID身份的"去中心化"则杜绝了这种情况。DID完全由所有者控制，无须任何中心化的第三方参与，用户可完全掌控自己的信息，不经过自己的允许，任何人都无法获取你的信息。

2018年Facebook就发生了一件令人震撼的数据泄露事件。有报道称："一家数据分析公司通过一个应用程序就收集到了5000万个Facebook用户的详细个人信息。"但是DID具有的去中心化属性，让用户可以在元宇宙中更加自由、放心地活动，不论是参与各种娱乐，还是参与各种数字资产交易。

2.1.3 辨别信用用户

截至2021年12月21日，DAO组织生态系统管理总资产已超过110亿美金，因此如何有效管理成了DAO当下最重要的问题。当时，广泛使用的Token治理模式存在极大问题，因为Token很容易被转移，这就导致信用较差的用户可通过购买轻松获得资产，使Token的声誉凭证失去价值。而DID可以顺利解决这个问题，因为用户可在DID链上记录自己的专业成就、个人信用保证相关信息。这就像一份链上简历，且区块链技术可以保证简历具备全面性、不可篡改、不可伪造三大特性。

2.1.4 识别地址真伪

2021年，越来越多的用户加入去中心化金融工具当中，DEFI生态体量已经达到了2000亿美元。但是却有不少用户因为参加了山寨版的DEFI，导致私钥丢失，损失巨额财产。这是因为用户无法快速辨别DEFI合约地址的真伪。DID则可以为DEFI合约提供用户身份信息甄别，用户可通过此快速识别身份。

2.1.5 保证交易安全

DID是由用户自己控制，而不是由第三方平台控制，因此他们可以决定何时、何地、何缘由、向谁透露自己的身份信息。也就是说，只有用户觉得对方可信任后，对方才有可能获得由自己主动告知的身份信息，而这正是元宇宙数字资产可行化交互和交易能运行起来的关键。

2.2 朋友：与不同的人进行社交

人是集体性动物，没有人愿意享受"孤独"，社会的发展也需要靠人的集体行为来推进，所以与不同的人进行社交、成为朋友，然后一起做某些事，是人类生活的重要组成部分。而互联网时代的到来，更使人们与"社交"密不可分，msn、QQ、Facebook、微信等社交软件的出现都是因为要不断满足人们交朋友的需求。这些企业，也因为掌握了"社交"密码，成了互联网上的巨无霸企业，"社交"带来的红利在他们身上一览无余。于是，其他企业也开始进军"社交"领域，让自己的用户通过"交朋友"带来更多新的商业机会。即使人类社会要迈入"元宇宙时代"，"社交"也必然是其世界运转的核心。

这一点也被称为元宇宙第一股的 Roblox 肯定，该企业认为："在元宇宙的世界里，我们可以自由交友，无论对方是真人还是 AI；我们可以无限畅聊，无论是天南海北的陌生人，还是身边的老友。"

如何打造元宇宙社交？一款名为星偶的元宇宙社交产品给了我们一些思路。

用户可在星偶平台上创造一个虚拟数字身份，然后在星偶平台展开虚拟社交，除了发视频分享日常生活，也可以创建小剧场分享脑洞世界，以吸引"有相关兴趣"的其他元宇宙用户。此外，星偶支持用户自发组建家族群，加入家族需要通过共创人物、PK获得专属奖励。这种玩法，可以让有相同志趣的人聚集到一起，实现更频繁、更高质的互动。

当然，这只是星偶对元宇宙社交构建的一个初步尝试，离实现真正的元宇宙社交还很远。对于未来的元宇宙社交愿景，其创始人也表示："希望星偶能够成为最符合年轻人口味、最日常、最能够表达创意的内容社交平台"。

所以，企业如果要打造元宇宙平台，就不能忽略"社交"这一核心，但具体该如何做呢？

2.2.1 "技术"是搭建元宇宙社交的桥梁

在元宇宙进入大众视野之前，社交方式已经随着科技的发展进行了好几代的更新（见表2-1）。

表2-1　社交1.0到4.0时代

迭代版本	推动技术	社交介质
1.0	通信	座机或手机语音电话
2.0	2G	电脑、手机文字
3.0	3G	电脑或手机图片、文字
4.0	4G（大数据+云计算）	视频通话、各平台短视频

技术的变革带来了社交的变革，而随着5G的普及，区块链技术、交互技术等新兴科技的加速应用，我们即将进入元宇宙时代，而我们的社交也随着元宇宙的到来进入了5.0时代——沉浸式虚拟社交时代。

2.2.2 "虚拟"是用户愿意进行元宇宙社交的关键

如今社会发展的主力军已经从"80后""90后"转向了Z时代（英语Generation Z，或缩写为Gen Z，盛行于欧美 的用语，特指在1990年代末叶至2000年代中叶出生的人。华人有称为"千禧世代"或"千禧宝宝"，大约是1995-2009之间），而Z时代的消费者消费的一个极为重要的动机就是社交。随着互联网的发展，线上社交已经成为当下人们社交的主要方式，但是传统的线上社交方式主要是以反映现实的熟人关系，这为用户社交带来了极大的压力。比如微信就是基于熟人关系形成的社交圈。

但是基于现实关系形成的社交关系圈，人们的爱好、价值观都很难一致，因此如今的人们越来越不喜欢在熟人社交圈中展示个人生活、暴露个人情绪。所以我们开始减少发朋友圈的频率，即使要发也要屏蔽某些人。

所以，要想拉住Z时代消费者，让其愿意通过元宇宙进行"社交"，那么，就要保证"元宇宙的虚拟性"。不管用户在元宇宙中做出什么行为，都不用担心会有人认出来，也不担心自己在元宇宙的行为会伤害到现实中的某些人。

在元宇宙中，用户可以自主构建一个或多个虚拟身份，然后通过数据加密的方式，让用户的虚拟身份不会被识破。而熟人社交关系虽然让人感到压力，但也是我们与家人、朋友维持或加深感情的必要方式。元宇宙可以支持用户在匿名和显示身份之间自由切换。比如用户想与家人朋友互动时就显示身份，如不想显示身份时则可以匿名。

在元宇宙这个社交5.0时代，人类的社交与现实社会的身份无关，是由一个甚至多个完全虚拟的身份与不同的人进行社交，对方不认识你，你也不认识对方，他可能是完全陌生的人，也可能是你生活中的好友，他可能是偏远城镇的一个农民，也可能是世界五百强企业的老板。在社交 5.0 时代，你的社交是围绕兴趣图谱而生，而不是基于对方的身份。

2.2.3 "信任"是元宇宙社交得以持续发展的核心

看了上文，肯定有人会问"虚拟社交，这不就是 QQ 初期，或是微博社交？"当然不是，元宇宙的社交与传统的虚拟社交有着本质上的区别。为什么 QQ 最初从虚拟社交也逐渐变成基于熟人社交？为什么微博虽然是陌生人社交，但月活越来越低，逐渐变成明星粉丝的主战场？是因为缺乏"社交"的核心——信任体系。

在微博平台中，人们很少会信任对方，因为诈骗事件频生，所以微博平台的社交关系无法促使用户发生消费行为。看到这，有人肯定又认为："信任只有基于熟人社交关系才能产生，这也是各大社交平台主打熟人社交的原因，虚拟社交就不可能产生信任"。

确实，这在传统社交时代是难以解决的问题，但元宇宙可以彻底解决这个问题。区块链是搭建元宇宙的底层技术，它具有安全性、去中心化、激励性等特性。它可以保证用户在元宇宙平台上的所有交易都是安全的、公开的、不逆转的，让用户充分掌握权力；同时区块链技术能够让用户在元宇宙平台上实现互操作性、所有权的数字证明、资产的数字收集、通过加密货币进行价值转移、治理。

2.3 沉浸：让人分辨不出自己在另一空间

随着时代的发展，人类的需求也在不断地提高，我们在追求"沉浸式"的生活、工作、娱乐环境。

沉浸式上班："起床上班"，只见一个躺在床上的人迷迷糊糊地睁开双眼，然后迷迷糊糊地走到洗浴间洗脸、刷牙，更换衣服，再在厨房快速做完早餐并快速吃完，接下来，做完换鞋、开门、关灯、关门等一连串的动作。

沉浸式下班："主人公打开门，手上提着食材，然后换鞋、脱外套、挂包包、走到厨房处理食材、做饭，做完饭菜端到桌上，打开一瓶啤酒或饮料、打开一部电影或电视剧，一边吃饭一边追剧……"

……

"代入感好强，这就是我平常上下班的样子。"在短视频平台上我们经常刷到这样的短视频，并对此沉迷不已。

这些沉浸式的短视频内容非常受大众欢迎，几乎随便一条都能获得几十万的点赞，还有一些沉浸式做饭、沉浸式赶海、沉浸式化妆等其他类型的沉浸式视频也一样受欢迎。这类视频往往采取一镜到底的拍摄手法，让观众用第一视角观看视频，如此，观众就能获得身临其境的真实体验。

2021年7月，爱奇艺上线了一档社交游戏类综艺节目《奇异剧本杀》。这档节目受到了不少年轻人的欢迎，观众表示喜欢这档综艺节目的原因是"沉浸感"很强。

由此可见当下的年轻人有多喜欢"沉浸感"，且在中国早就形成了比较完善的产业链，2019年，中国沉浸式产值已达到48.2亿元。企业如果想打造元宇宙，并使之获得用户的认可，"沉浸感"也是其需要打造的元素之一。

那么，要如何打造元宇宙的沉浸感呢？我们接着往下看：

2.3.1 用显示设备打造视觉沉浸感

要想让用户充分地沉浸在元宇宙的世界中，忽略其他一切事物，首先就要从视觉入手。因为人类的信息获取大部分都是依靠视觉，所以视觉是形成沉浸感的必要条件，而这需要显示设备来保证。

显示设备是现代人最常用到的工具，早期的电视，现在的电脑手机，但这些设备都不能让用户获得真正的沉浸感。因为显示设备带来的视觉沉浸感由以下两种感觉组成（见图2-1）。

一般情况下，人类的常规视角是124度，所以从理论上而言，一个显示设备只要能包裹住140度视角，就能让人忽略设备本身，进入设备中。但在技术上来说却很难实现，因为这需要观众在36cm距离观看65寸的电视才能达到，这不符合电视场景；即使能在 36cm 的距离看着电视屏幕，也会因为过近而形成画面的颗粒感，这种颗粒感会直接让观众意识到"眼前的场景是假的"。

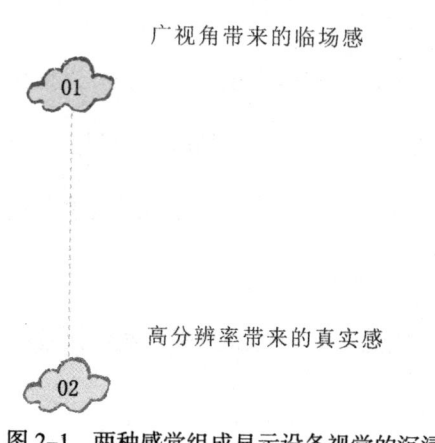

```
        广视角带来的临场感
   01


                高分辨率带来的真实感
   02
```

图 2-1　两种感觉组成显示设备视觉的沉浸感

所以，传统的显示设备是无法给用户带来沉浸感的，这也是之前"元宇宙"不被重视的原因。但是 VR 产品的出现解决了显示设备的痛点，通过贴近眼部实现视野包裹，同时不断提高分辨率而增强真实感。目前 VR 产品的分辨率最高可达 12K。

2.3.2 用交互设备打造触觉沉浸感

通过触觉，我们可以感受到衣物的面料好坏，沙子划过指尖的感觉、人的皮肤……如果我们触摸不到一个事物，自然就会下意识地认定这是假的。在元宇宙的世界里也是如此，只有让用户产生真实的触感，才能让人感觉到自己是处于一个"真实的世界",从而全身心地投入其中。

通过触觉技术吸引用户沉浸到某个环境中,这种技术早已出现。1997年,任天堂第一个通过 N64 的 Rumble pak 把类似的技术引进视频游戏,这样游戏控制器就可以随着游戏动作而振动摇晃,从而让用户更投入到游戏世界。

当然,这种触觉技术是非常初级的,它远不足以模拟现实世界中可以体验到的所有感觉,需要更为先进的技术。

芝加哥大学计算机科学系人机集成实验室就研发了一款可以直接附着在人体的交互设备,只要与皮肤接触,就能让用户产生触觉,这种设备属于化学触觉设备。用户穿上设备后,再贴上硅胶贴片,然后使用微型泵推动液体药剂打通皮肤毛孔,让皮肤能够通过药剂吸收它们,从而产生各种真实的触感。药剂有很多种,如肉桂醛可以让人产生刺痛感,辣椒素可以让人产生温暖的感觉,薄荷醇可以制造皮肤被冷却的感觉。不同的药剂浓度产生的感觉也不同,当然这些药剂都是非常安全的。

化学触觉设备让元宇宙的沉浸感增强,为未来的触觉设备设计带来了新的可能。

2.3.3 用 AI 系统捕捉正确声音

试想下,你戴着一副 AR 设备进入元宇宙的虚拟会议室开会,但开会的途中,设备里却传来了各种嘈杂的声音,分散了你的注意力,使你无法专注在会议内容上。这样的场景你会不会觉得很厌烦？会不会觉得如果我在现实中开会绝对不会出现这个问题？

所以，要想让用户完全沉浸在元宇宙的世界里，首先就要解决"听觉"的问题。元宇宙的"沉浸式听觉"不是让用户听到现实世界的声音，而是要让用户只听到自己想听的声音，并在必要时主动屏蔽外界嘈杂的声音。

Meta 正在往这个方向研究。它在 3D 眼镜上使用了多个麦克风，用于捕捉周围的声音，AI 系统会根据眼动追踪设备提供的数据，来判断用户最感兴趣的声音，然后再提高该声音的声量，降低其他声音的声量。如此，用户即使身处嘈杂的商场，也不必特意提高声音说话让对方听到。

除此之外，空间音频技术与声学仿真技术，能够模拟现实生活中不同方向来源的声音，打造更加真实的虚拟空间。也就是说，当用户身处元宇宙时，视听设备可捕捉到各个角度的声音并传送到耳机，用户能够自然地判断声音来源，并将自己的注意力转向它。

2.4 实时：保证所有信息不被延迟

试着在脑海中构想这样一个场景：你在家中书房，正戴着 VR 设备与公司的同事们开会，你正在讲着公司下一个项目的策划方案，有几个同事却表示还没看到你发的方案内容，或是还沉浸于你上一段内容的讲述中……此时的你有如何感想？是不是想让所有同事赶回公司开会？

所以，要想成功打造元宇宙，就必须保证元宇宙中的所有人都拥有同一条时间线，所有的事物和信息都在同一时刻发生改变，没有异步性和延迟性。

在打造元宇宙的低延迟性之前，我们需要先了解什么是"网络延迟"。它是指各式各样的数据在网络介质中通过网络协议进行传输，因为信息量超过网络承载量，就会导致设备反应变慢，形成网络延迟。由此可见，要保证元宇宙的信息实时性，就要提升网络速度。

2.4.1 5G 增强 VR 低延迟体验

为什么"元宇宙"概念早已出现，却迟迟不能落地？就是因为技术不能实现，首先是网络技术。之前的 2G、3G 网络根本无法满足元宇宙的低延迟需求，直到5G技术的出现。

5G，是指五代移动通信技术，它具有高速率、低延迟和强连接的特点，其用户体验速率达1Gbps，时延低至1ms，用户连接能力达100万连接/平方公里，是实现人机物互联的网络基础设施。

这三大性能只应用在三大类场景（见图2-2）中。

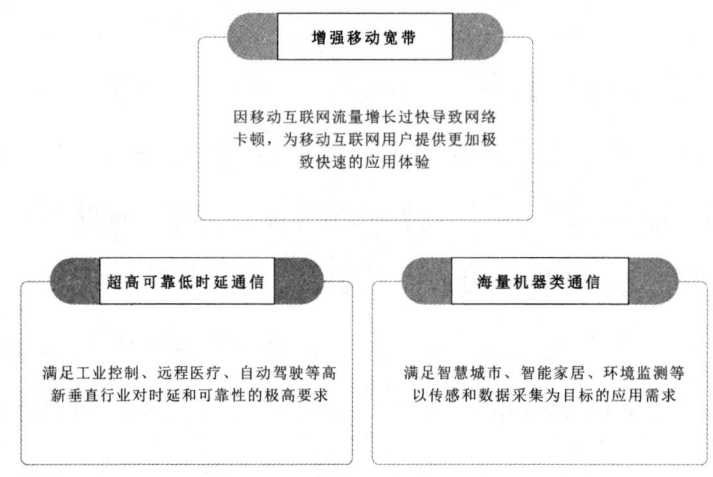

增强移动宽带

因移动互联网流量增长过快导致网络卡顿，为移动互联网用户提供更加极致快速的应用体验

超高可靠低时延通信

满足工业控制、远程医疗、自动驾驶等高新垂直行业对时延和可靠性的极高要求

海量机器类通信

满足智慧城市、智能家居、环境监测等以传感和数据采集为目标的应用需求

图2-2　5G技术的三大应用场景

5G技术的性能指标如表2-2所示。

表2-2　5G技术的大致性能指标

性能	指标
峰值速率	10–20Gbit/s
空中接口时延	低至1ms
设备连接能力	百万连接/平方公里
频谱效率	要比LTE提升3倍以上
用户体验速率	连续广域覆盖和高移动性下达到100Mbit/s
流量密度	10Mbps/m² 以上
移动性能	支持500km/h的高速移动

从 5G 技术应用的主要场景以及性能指标我们就可以确定，5G 技术不仅可以解决人与人通信的基本问题，还能为用户提供增强现实、虚拟现实、超高清视频等让人更加有沉浸感的元宇宙使用体验。

5G 对于元宇宙 VR 设备的赋能在现实中已得到验证。2021 年 8 月，字节跳动以 90 亿元的价格收购了北京小鸟看看科技有限公司，该公司成立于 2015 年，是国内 VR 行业出货量最大的软硬件研发制造商，其成功研发的产品有移动 VR 头盔、GoblinVR 一体机、PicoUVR 眼镜、TrackingKit 追踪套件、PicoStore 应用和游戏商店等。

在字节跳动收购前，该企业已经获得 4 轮大额融资，最近一轮为 2021 年 3 月，其融资金额达到 B+ 轮融资，投资人包括基石资本、建银国际、招商局资本等。此前引入的股东方还包括钥石财富、中金资本、中电中金、广发乾和、广发信德、巨峰科创等，这些大企业因为 5G 的出现非常看好 VR 行业。

其实 VR、AR 设备早已出现，但在火爆过一段时间后，迅速走向了沉寂。因为网络技术落后，当时主流的移动 VR 产品体验不佳，内容匮乏。直至 2020 年，5G 技术的出现让整个行业得到了复苏。这也是字节跳动等大企业争相入局 VR 行业的原因，因为 5G 技术可以改善 VR 产品体验，满足元宇宙对信息低延迟性的要求。

随着元宇宙及 5G 的出现，VR 行业市场前景更加乐观。根据知名咨询机构 IDC 的预测，据 IDC 预测，2020-2024 年五年期间，VR/AR 终端出货量增速将达到约 86%，全球虚拟现实产业规模年均增长率将达到约 54%。

2.4.2 边缘计算支撑元宇宙实时性

随着元宇宙的不断发展，对于计算的容量与实时性的要求也在不断提高，因此，边缘计算和 5G 技术一样，成了元宇宙的重要支撑。

元宇宙需要的计算能力将比现有移动互联网高出几个数量级：

第一，元宇宙是多维世界，与二维世界相比，需渲染的计算量要高出许多；

第二，元宇宙需要交互，比如人与人的交互、场景与场景的交互，这种交互也需要极高的计算量支撑；

第三，元宇宙的计算需求是持续，为了保证所有用户能随时随地进入元宇宙，它需要一直维持高速运行。

当下通用的计算力，如 CPU、GPU 的计算力根本无法承载元宇宙，它需要更高的计算力做支撑。高科技巨头公司英特尔表示："看好元宇宙实现的可能性，但需要建立在足够的计算能力上。当下的计算、存储及网络基础设施并不能实现这一愿景，想要实现这一愿景，计算能力需提高到 1000 倍以上。"英特尔提出的问题一直是许多有兴趣者还在元宇宙边缘观望的原因，但边缘计算的出现，马上打消了观望者的顾虑，纷纷成为入局者。

边缘计算是一种在数据源附近的网络边缘执行数据分析处理以优化云计算系统的方法，采取在数据源处或是附近执行分析和知识生成任务的方法来去除三大冗余（见图 2-3）。

☁ 云端数据储备

☁ 云端传感器

💡 中央数据中心间传输所需的通信宽带

图 2-3 边缘计算需去除的三大冗余

边缘计算有五大优势（见图 2-4）。

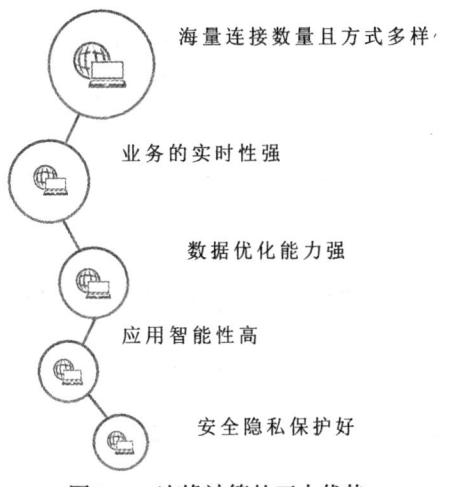

海量连接数量且方式多样

业务的实时性强

数据优化能力强

应用智能性高

安全隐私保护好

图 2-4 边缘计算的五大优势

基于这五大优势，AR/VR 渲染基于边缘计算的智能视频加速可以有效解决移动内容分化效率低的痛点，最大限度改善 AR 时延，极大提高数据处理的精度。

2.5 多元：不受限制的丰富内容

在微信上我们能玩什么？与好友沟通、看微信公众号文章……

在王者荣耀上我们能玩什么？和人组队打游戏……

在支付宝上我们能玩什么？进行各种支付……

在喜马拉雅上我们能玩什么？收听感兴趣的书籍……

在抖音上我们能玩什么？刷平台推荐给我们的短视频……

其他呢？在这些平台上我们还能玩什么？好像没有什么可玩的，即使有，体验感也极差。

这些平台的定位都很精准，为目标用户提供的内容也很精准，因此它们的用户忠诚度高，变现能力也不弱……但是，这些平台拥有的不是用户的全部，而是用户的某一部分。只有需要与他人沟通时，用户才会使用微信平台；只有想打游戏时，用户才会登上王者荣耀；只有想刷视频时，用户才会登上抖音……而在没有这些需求时，用户就不再是平台的用户。

这也是这些平台的市场会因为达到饱和而受到限制的原因，一些平台为了圈住用户更多的时间，在不断开发新功能，但是效果却并不如预期。

而元宇宙可以彻底打破这些桎梏，它能给用户提供丰富的内容和文化，不管用户有何种需求都能在元宇宙的世界里得到满足。

2.5.1 留住用户所有时间，用户卸掉需求负累

上文有述，当我们产生一种需求时，只能通过某个专门解决这种需求的平台来满足。这种情况下，不仅对企业是一种损失（企业会失去用户不登录平台满足需求时的时间），对用户也是一种负累（需求不是经常出现，但却需要注册账号及APP）。但在元宇宙的世界里，用户只需使用一个载体（一个账号、一副设备）就能满足所有需求，而打造元宇宙的企业则能留住用户全部的时间。

因为元宇宙的世界是共通的、对外开放的，所以它可以把所有的需求解决平台都连接到元宇宙中。比如在元宇宙连接抖音平台，用户想看视频就可以登录元宇宙观看，不想看视频想购物了，用户则可以转换场地到元宇宙中的电商设置点购物，休闲娱乐完了需要工作，用户就可以马上进入企业在元宇宙中设置的办公楼进行工作，或是与同事开会，或是与客户沟通。

当然，当下的元宇宙还处于萌芽阶段，这只是对元宇宙未来发展状态的一个构想。不过，现在已经有企业打造了元宇宙雏形，比如已经改名为Meta的Facebook，在2021年12月9日推出了一款VR应用"Horizon Worlds"，这个应用是该公司改名后的首个大项目，是其进入元宇宙市场的试水之作，不管是Meta内部还是外界大众，都给予了极高的关注度，

尤其元宇宙的观望者更想知道"HORIZON打造的元宇宙世界是什么样子的"。

Meta对Horizon的定位是虚拟现实社交平台，用户可以通过沉浸式体验的方式，在Horizon这个元宇宙中交友和娱乐，它是未来元宇宙的雏形。它的元宇宙特征主要体现在以下方面：

一是成为虚拟人。用户可佩戴Oculus头显进入平台，进入时可按自己的喜好创建一个虚拟形象和身份，用这个形象在平台中社交、玩游戏。

二是成为创建者。不管是独自一人，还是和朋友合作，用户都可以通过平台提供的工具在元宇宙中构建自己的奇思妙想，是想要建立商场，还是开设农场，都可随用户自主意愿。

三是成为探索者。在Horizon World世界里，用户不仅可以成为创建者，也可以成为一名单纯的探索者，感受其他用户构建的万千世界，体验丰富多样的玩法。

当然这只是初级的架构，更为丰富的内容和玩法，平台将在日后逐一上线。除了平台自身，Horizon更支持用户自己创造新内容、新玩法。Horizon简化可游戏场景搭建流程，创造上帝模式让用户更好地完成UGC内容创建。在"上帝模式"下，平台提供了多个图形模块供用户选择，用户只需通过对选取模块的移动、复制、染色、添加小功能插件等操作即可完成世界搭建，无须通过外部第三方引擎进行场景搭建，方便用户进行UGC内容创造。

平台和用户共同发力，相信不久之后，Horizon元宇宙的内容将无比丰富，甚至不仅仅局限在游戏和社交这个领域，还能延伸至其他行业领域。

2.5.2 元宇宙的内容比现实世界更丰富

在现实世界中，我们会因为时间、空间的限制而无法体验到更丰富的内容和文化。比如我们想要去商场购物，只能选择在下班时间或是周六日去；我们想要去听演唱会，只能在我们有时间，歌手恰好在自己的城市开演唱会的情形下才能实现；比如我们想要看最新的消息，只能登录微博这些平台；比如我们想要查询资料，只能选择百度或去图书馆。

但是，在元宇宙的世界里并不会有这些限制，在它的世界里包含了各种各样的元素，商场、演唱会、办公楼、游乐场、展览会、农庄、图书馆……所有你想得到的都能在元宇宙里得到满足。想逛街时不必等到周六日，想听演唱会不必非要等到歌手在自己所在城市开演唱会，要查阅资料也无须打开搜索引擎或跑去图书馆……用户所有的需求都能在元宇宙这个多元化的世界里得到即时满足。

2.6 经济：建立元宇宙消费闭环

大到一个国家，小到一款产品，如果没有"经济系统"做支撑，那么就不可能获得持久运营。所以，我们可以看到，但凡是市面上做得成功的产品都有一套独属于自己的经济系统。比如 QQ、支付宝、抖音……它们都打造了自己的独立经济系统。

如何理解独立经济系统？

独立经济系统包含两个方面：一是系统内部有流通和交易内循环；二是系统内部循环不会受到外界的商品需求和供给因素的影响。

也就是说，如果一个国家或一个产品想打造自己的独立经济系统，就要求其大部分产品需要从材料、生产、消费、回收等关键环节形成一个闭环。

2.6.1 元宇宙经济系统构成要素

元宇宙的经济系统该如何打造？它需要哪些要素？我们可以先从最接近元宇宙的游戏入手来了解，比如大富翁。它可以作为初代元宇宙游戏中经济系统设计最为精巧的代表，因为它设置了完善的市场经济要素，我们在打造元宇宙平台时也可作为参考点之一。

（1）土地要素。一是指产权，在游戏中土地产权私有化，购买了土地就可以进入自己的商业物产；二是指流转，是指土地可以通过买卖市场或是向银行抵押增加流动性。

（2）金融要素。游戏中包含了银行市场与资本市场，资本市场中包含了一级市场与二级市场，是现实金融市场的复刻。

（3）人力要素。玩家是第一劳动力，第三方劳动力只能通过道具或是使用点券从监狱或医院中购买获得。

（4）技术要素。用户在游戏中获得土地后就可以修建研究所，开发新产品。

（5）信息要素。包括数字地图及数字身份卡片，用户可通过查询身份卡片，来了解其他玩家的具体信息，如资产、现金、土地等。

（6）产权要素。包含商店的确权、土地和股权的确权等。

当然，大富翁的经济系统构成要素不一定完善，也不一定全部适合元宇宙，我们在参考时需根据实际情况做选择。

2.6.2 元宇宙经济系统的特征

元宇宙经济系统是什么样子？它如何呈现？具体的内容我们还处于研发设计中，但不管元宇宙经济系统是什么样子，它必然具备以下四大特征：

第一，娱乐性。元宇宙的目标用户群使用元宇宙经济系统更多的是为了娱乐，虽然商业也是极为重要的一部分，但与现实世界一样，因为"娱乐"才会产生消费。所以，元宇宙设计的产品和服务必须具备"娱乐性"，让用户因为"开心"而消费。

第二，独特性。为了使元宇宙的经济繁荣，元宇宙应创造出更多有价值的虚拟资产，但这种价值不在"多"，而在于"独一无二""不可复制"，比如通过区块链标注后的数字艺术品，就具备这一个特性。

第三，公平性。在元宇宙中，只要付出努力就能获得同等收益。比如你创造了一个好看的皮肤，玩家喜欢就会花钱购买。

第四，合法性。真正的经济系统必然合乎当下法规法则，其设置的奖励体系会奖励那些不盲目冒险的行为，从而减少用户从事高风险的生产活动，保证元宇宙不会因为用户的违规违法活动而毁灭。

第五，循环性。完善的元宇宙经济系统必然能形成一个闭环，生产、流通、消费、回收每一个环节都能在元宇宙中完成。

第六，流通性。元宇宙的账号、产品或"金钱"是可以流通的，是受各方认可的。而不是像现实世界，A 游戏产品的账号等级再高，装备再强，也无法在其他游戏产品中使用，更不可能让人出钱购买，变成真正的利益回报。

2.6.3 打造元宇宙经济系统需考虑的问题

在打造元宇宙经济系统时需要考虑以下问题：

第一，交易市场建设问题。元宇宙的经济要流通起来，就必须设置交易市场。但设置交易市场需做好几个方面的工作（见图2-5）。

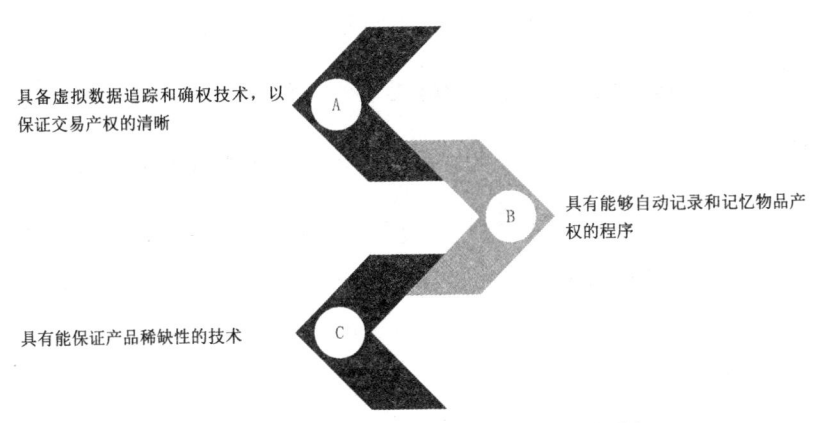

- A 具备虚拟数据追踪和确权技术，以保证交易产权的清晰
- B 具有能够自动记录和记忆物品产权的程序
- C 具有能保证产品稀缺性的技术

图2-5 设置元宇宙交易市场需考虑的问题

第二，虚拟化身。很少人会在网上为自己购买超出预算的东西，但却有无数人愿意为提高自己的虚拟形象购买鞋帽衣物、房子、车子、各种装备。为了让用户有更多的消费，元宇宙平台就要从虚拟人身上多下功夫。虚拟人越与现实中的自己接近，用户就越有在元宇宙平台中为自己消费的意愿，因为大多数人存在这种想法："现实世界中我无法获得这些体验，难道我在虚拟世界还不行吗？"因此，平台要安排虚拟人通过与用户不断进行语言交互与触摸交互，然后利用AI让虚拟人自主学习，模仿用户的行为举止、身材外貌、个性特征、知识体系。

第三，货币流通。与现实世界一样，要想扩大自己的经济市场，就要大力开发国际贸易。但是现实中的国际贸易会受各国关税及贸易规则的限制而出现不同的情况。元宇宙可以通过使用代币来实现国际贸易的充分流通。比如在元宇宙的世界中，在加拿大的A用户要购买处于德国的C的某个真实产品，可以先在虚拟税务所中交易，然后将收益转入代币账户，再让收款方在自己的国家内按代币和本国汇率提取真实美元。

第四，价值认定。用户在元宇宙中创造某个产品，然后准备出售，这个产品的价值如何认定？A用户购买了想转手，是否又能得到另一个用户的认可？就像是购买数字藏品，A用户花了299元购买了一副数字藏品，但不久后想转手，有意愿购买的用户认为这副数字藏品只值29元或者不是真品，这该如何解决？这些都是元宇宙平台在打造经济系统时需要考虑到的问题。

2.7 文明：像创造人类文明一样创造元宇宙文明

如果说元宇宙是一个新世界、一个新时代，那么它必然有属于新世界、新时代的文明。每一个新世界的诞生必然也伴随着文明的诞生。就像是中国的远古时代有远古时代的文明，封建时代有封建时代的文明，新时代有新时代的文明……生活在那个世界的人被那个世界的文明吸引、教育、滋养……

可以说，无法创造出一个新文明的"元宇宙"就像是一个"空中阁楼"，大风一吹就会倒塌。但是，如何才能打造一个新的、正向的元宇宙文明呢？

2.7.1 智能是元宇宙文明的核心

元宇宙的文明是高新技术支撑起来的，因为元宇宙以高新技术作为底层支架，有高新技术的出现才有它的存在。高新技术代表着什么？代表智能，因此元宇宙是属于智能文明的世界。那么，元宇宙智能文明世界是什么样子的呢？

比如与美食有关的文明。在元宇宙的智能文明下，美食的功能将再次升级，人类不用菜单点菜，也不用手机点外卖，而是进入元宇宙的餐饮品牌板块中，看遍、吃遍、评价全球的各个品牌的美食。

比如与家居有关的文明。在元宇宙的智能文明下，人的脑电波可以与物质互联，形成真正的智能化，无须开口让小爱同学开灯关门，也无须点击手机屏幕启动洗衣机、空调，所有的家居行为，只需要"你一想到"，就能直接开启。

比如与交通有关的文明。在元宇宙的智能文明下，除非非常有必要，人类将不再需要交通，因为世界各地都可"一念即达"。我们只需要躺在床上就可以游遍世界的风景，甚至可以去宇宙参观，游览你喜欢的星球。

2.7.2 元宇宙文明需架构正确的世界观

世界观，我们也可称之为宇宙观，它是指哲学的朴素形态，是指人们对整个世界总的看法和根本观点，它由几个方面的观念组成（见图2-6）。

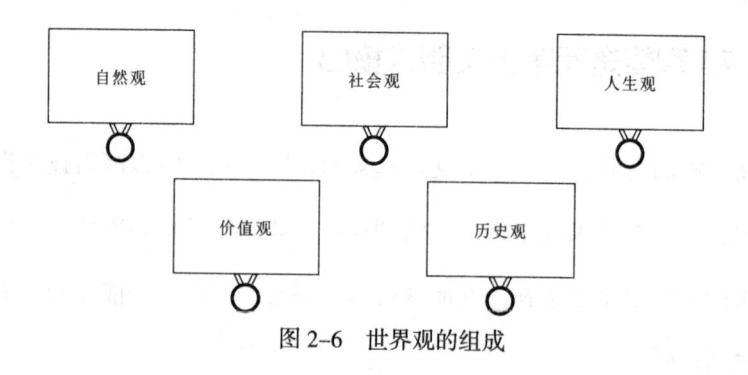

图2-6 世界观的组成

元宇宙文明的世界观打造并不难，我们可以学习小说世界观的打造方法：

第一步，确定你要构建的世界观的基本信息，如空间、时间、类型、力量体系、观点依据……

第二步，确定世界观的载体，比如你如果写的是玄幻小说，那么就要以"玄幻为主导"的世界观，在玄幻世界里人类的力量是依靠什么原则运作的，有哪些规则，运作的载体是什么……

第三步，考虑世界观的依据来源，小说中的世界观来自哪里？是洪荒时代的东方，还是三皇五帝时期……当下元宇宙世界观的构建应该以现实世界的世界观为参考来源。

第四步，设置世界观的自然信息，比如气候、地形、矿产、水文、空气……越精细才越能让人产生真实感和代入感。比如参考东方文明就与"长江黄河"分不开，参考古印度文明，就和"恒河"分不开。

第五步，确定人类社会关系，比如种族、国家、势力设定，以及它们内部的经济发展情况、政治局势、社会风气、风土人情……

第六步，把世界观细节化，小说的故事情节设置要能体现世界观，且不能与世界观相违背。

我们在参考小说的世界观构建方法时，也要考虑到小说与元宇宙的差异：

一是要依据现实。元宇宙的世界是现实世界的映射，它的世界观组成必然不能脱离于当下的现实世界，因为虚拟人的背后是现实的人，他们受现实世界的世界观所影响，所以如果元宇宙的世界观与现实世界的世界观相违背，用户是绝对不可能接受的。

二是科学合理。世界观的构建可以是一个全新的，但必须是科学合理的，而不是凭空杜撰的，别说是元宇宙，即使是小说也不可以。就像是刘慈欣《三体》一书中的世界观"黑暗森林法则"，也是基于当下宇宙中不同智慧生物共性进行了猜想，即"生存才是第一法则"。这也是源自自然的淘汰定律："优胜劣汰，强者适存。"

第三章　价值：
元宇宙绝不只是让游戏更好玩

　　Roblox上市后，其所公示的数据不仅展示了元宇宙活跃的创作氛围与健康的商业模式，更向各位观望者展现了未来的发展潜能，它将带来巨大的新市场。当然，元宇宙带来的价值不仅是商业的可行性，它还带来了其他更多的价值。这些价值才是各大企业、投资人、创业者、用户们关注元宇宙的主要原因。

3.1 推动内容、算力、体验、决策、商业的变革

从 2020 年开始，我们似乎每天都能看到元宇宙的新闻：

Facebook 改名为"Meta"；

阿里巴巴在旗下的达摩院研究所中建立了 XR 实验室，并召集了包括李宏华、谭雄、施家栋在内的专家团队；

加拿大上市公司 Tokens.com Corp 以约 243 万美元加密货币在 Decentraland 上购买了一块虚拟土地；

芯片设计巨头英伟达也宣布推出工程师元宇宙平台 Omniverse，展示与元宇宙相关的强大算力；

微软在 Ignite 大会上宣布，将旗下聊天和会议应用 Microsoft Teams 打造成元宇宙 PINTAI 改为平台，同时还会把混合现实会议平台 Microsoft Mesh 融入 Microsoft Teams 中，打造一个服务于办公会议的新元宇宙平台；

……

看了一个又一个关于元宇宙的新闻，我们不得不思考在热络的资本与现象背后，究竟是什么打开了元宇宙的大门？其实这火热现象的背后是元宇宙带来了以下方面的变革，而每一项变革的背后则是新的商业机会。

3.1.1 内容生成变革

在元宇宙中，由人工智能创作的内容，将会成为产业未来主要的生产能力，并呈现三种特征（见图3-1）。

图 3-1　内容生成的三种特征

这三种特质将导致两个结果：一是大幅度降低创作门槛以及创作成本，原本只有行业专家才能使用的创作工具，零基础或是基础较差的人都能轻松使用，创作市场范围扩大；二是内容同质化现象严重，内容生成基本依靠人工智能提供的版本资源，内容多样化程度降低。

3.1.2 算力需求变革

在以往，对于高算力的应用只在垂直行业，比如大型游戏、物联网、无人驾驶……其他大众行业的设备算力并不需要应用如云计算、边缘计算等超级计算能力。而元宇宙的出现则会带来算力需求的变革，原因有五个：

第一，元宇宙要保证内容体验的高逼真度，就需要增强现实应用；

第二，元宇宙要成为"宇宙"，就必须支持大规模用户同时在线；

第三，建立需求世界与现实世界的连接交互，需要应用到大量传感器、智能终端等设备去实时采集和处理数据；

第四，元宇宙需要处理大量视觉图像；

第五，元宇宙需要进行大量 AI 计算分析。

这些需求都需要依靠海量算力来满足。因此，现在各大企业正在致力于算力的提升。

3.1.3 用户体验变革

媒介是人类感官的衍生，随着媒介的变化，我们的感官体验也在不断升级。如今我们的感官体验将逐一被数字化，因为信息维度的增加，数字内容得以不断逼近现实的感官体验，使人类获得更加真实的沉浸感。

元宇宙的人机交互是最接近人类感官的媒介，在 AR 或 VR 媒介下，我们通过手势、声音、眼球动作、肢体动作、面部表情就能够与机器沟通，使机器的运作更贴近我们的想法。甚至，如果脑机接口技术成熟，人类用脑电波就有可能控制机器。

这种完全贴合感官的元宇宙世界，将给人类带来从未接触过的体验。

3.1.4 决策方式变革

在全球信息化快速发展的背景下，信息体量和维度不断增加，海量的数据改变了传统的决策方式,因为以传统的数据分析方法以及基于人工经验的决策已经不能满足大数据时代的决策需求,因为数据越多,其蕴含的信息复杂性就越强,这也导致了决策过程中的不确定性因素增多。而随着元宇宙的人工智能技术越来越智能,这个问题可以得到有效解决。在人工智能以及其他大数据决策方式的帮助下,人们的决策将更加精准,可预测性也将越来越高。人类的工作、生活因决策失误而导致的风险事件概率将大大降低。

3.1.5 商业场景变革

当下的商业场景是人与人、人与信息、人与产品的连接与交互,这也是互联网商业的基础。而随着元宇宙的到来,商业场景也将产生变革。因为元宇宙改变了人与人、人与信息、人与产品的连接与交互方式,这些改变将导致在这基础上建立的商业场景也将进行新一轮的颠覆式创新。比如人们的购物不再依靠实体以及电商平台,而是依靠虚拟世界里的购物商场;人们的投资方式,不再依靠实体的方式,而是通过数字化的方式,比如虚拟地产。

在元宇宙带来的商业场景变革环境下,我们的社交、商务、娱乐、消费、信息获取方式都将涌现全新的模式。

3.2　元宇宙带来新的资源配置方式

资源是指社会经济活动中，人力、物力、才力的总和，是社会经济得以发展的基本条件。资源配置则是指因为资源的稀缺性，任何一个社会经济体都必须把有限的资源合理分配到社会的各个领域中，以此让资源的效用发挥至最大。通常情况下，资源如果能得到合理配置，社会经济效益就能显著提高，经济状态健康；否则，则经济效益明显低下，经济发展受到阻碍。

现实世界的资源使用会受各种各样的影响，那么元宇宙虚拟世界里的资源是何种情况？它也会和现实世界发生一样的情况吗？

3.2.1 不受生产资源限制

在现实中，大部分生产资源都是有限的。而且相对于人们的需求来说，资源总是表现出相对的稀缺性。人类不可能无限制地去使用资源，而生产资源一枯竭，必然带来产品价格的高升，甚至产品的停产。所以，在现实生活中就要求人类对资源进行合理配置，尤其是那些相对有限的、稀缺的资源，以便用最少的资源耗费，生产出最合适的产品，获得最高的效益。

比如现在土地就是稀缺资源，尤其是在一、二线等发达的城市，土地的稀缺性更高。而土地的稀缺性导致土地获取的高难度、高价格，除非是经济实力雄厚的企业，一般企业是很难获得一、二线城市土地的开发权。因而，由土地稀缺而产生的一系列物品，如住房、商铺、各种场地也异常紧张。

元宇宙中的虚拟世界有可能不受现实世界中的一般经济规律的限制，因为在元宇宙中，其资源是可新增、可创造的，它不受自然条件、经济条件的限制。比如土地，只要开发者愿意就可以在元宇宙世界中开发土地，虚拟土地只会因为如环境、人流等原因出现价高的情况，而绝不会出现数量稀缺的情况。

3.2.2 保证资源的唯一性

现实世界中，尤其是生产类资源，它虽然稀缺但还是能提供大量产品生产。在这种情况下难免会出现产品被复制，市场同质化现象。就比如某企业研发了一款手机，市场反馈非常好，不过这款手机并没有特别高精尖的核心技术，其他手机制造商很容易就能掌握，再加上手机生产资源也较容易获得，很快市场上就出现了大量同类手机，不管是在性能上还是外观体验上都与该企业的手机相差无几，但价格却低许多。最后，该手机企业的用户很快就被其他手机企业分流走。

那么，在元宇宙的世界里会发生这种情况吗？当然不会，因为元宇宙使用的区块链技术可以保证产品的唯一性、不可篡改、不可复制性。

3.2.3 改变现实世界资源配置方式

元宇宙的资源配置方式不仅有上述两点，更为引人关注的是，它能改变现实世界的资源配置方式。

在现实世界中，好的教育资源、医疗资源、经济资源都集中在一、二线发达城市，偏远地区的相关资源则相对稀缺，因而生活在一、二线城市的居民能第一时间享受到最好的资源，但是偏远地区的居民则要经历因各种资源的稀缺带来的落后。同时，资源稀缺地的居民为了享受到好的资源，拼尽全力地向一、二线城市涌去。如此就造成了一种现象："一、二线城市人口暴涨，资源竞争激烈，不堪重负，偏远地区人口越来越少，甚至出现无人村情况。"

比如医疗资源，元宇宙的到来将彻底改变这种资源配置不合理的情况，通过元宇宙，一线的医疗资源也可以让偏远地区的居民用上。通过元宇宙里的远程 VR，一线城市的专家们可以给予因医疗资源不够丰富而专业知识缺乏的偏远地区的医生们更专业的建议，甚至是手术指导。

比如教育资源，好的教育资源不是指学校环境有多好，而是学校的师资力量，一线城市聚集了大批优秀的老师以及学习资源，因而拥有优质的教育资源。但是通过元宇宙，一线城市的教师可以给偏远地区的学生们上课，一线城市较为容易获取的学习资源也可以通过元宇宙分享给偏远地区的学生。

比如娱乐资源，以往，我们想要看一场演唱会只能到较为发达的城市，因为小城市没有体育馆，人流量也支撑不起一场演唱会的费用。但是歌手如果在元宇宙中举办演唱会，不管是一线城市的居民，还是偏远地区的小农村，只要有网络和相关设备就能够获得真实的演唱会体验。

3.3 虚拟与现实的结合，产生新商业生态

有人预测，未来三十年，当元宇宙将虚拟与现实完全融为一体时，元宇宙产业将分成三大类别：第一类别是以欧美为代表的Meta、苹果、谷歌、微软等国外科技巨头企业；第二类别则是以中国企业为代表的中式全球化的元宇宙，包括腾讯、阿里巴巴、字节跳动、百度等中国互联网巨头企业，且随着中国在国际影响力的加深，这些企业打造的元宇宙产业在全球的影响力也将加深；第三类别则是跨行业的元宇宙，也就是本产业原与元宇宙丝毫不相干，但是却能充分融合元宇宙的力量，将产业发展得更好，比如文旅行业。

从这个预测中我们可以看出，未来，当元宇宙真正成型之后，将产生无数新的商业生态，而这些先入局者将获得先机，在元宇宙世界里继续领先。

3.3.1 新商业生态下的类别层级

综合已有的资料与应用，元宇宙带来的新商业生态大致可分为3个层

级（见表 3-1），每层都有与其相对应的产业。

表3-1 元宇宙新商业生态的类别层级

类别层级	主要作用	具体产业
后端基础层	后端支撑元宇宙实现的技术	5G、GPU、云、AI+和区块链等涵盖软硬件的基础设施
前端交互层	以AR/VR及智能穿戴设备产业为主	实现让用户持续稳定接入元宇宙、获得沉浸式体验的关键技术。涉及传感器、显示屏、处理器、光学设备等细分产业
场景内容层	未来元宇宙落地的应用场景	游戏、工业、医疗、教育等具体行业

在后端基础层涉及的技术产业中，每一项技术产业都有其作用，也将催生新的商业生态，比如区块链技术。作为接近真实的沉浸式虚拟世界，元宇宙需要构建和现实世界相对应的经济系统。而区块链就可为元宇宙搭建去中心化的、可信任的、高安全性的经济系统基础，于是元宇宙的 NFT 应用将在比特币之外获得新的商业发展机会，比如数字收藏品；此外，如同 Unity、Robolox 等引导用户自由创造并获得创造收入的 SaaS 平台，也是元宇宙催生的新商业机会。

在前端交互层，AR/VR 已经进入了产业发展快车道，带动虚拟现实消费级世界的快速成长，各行各业通过 AR/VR 技术就获得了新的商业机会。比如零售行业通过 VR 打造了远程试穿等服务。

而场景内容层带来的新商业生态则更多，游戏早已证明元宇宙的商业可行性。随着元宇宙多项技术的成熟，基于各种技术进行的各类仿真、分析、数据积累、挖掘，将被广泛应用于教育、培训、医疗、建筑、金融、旅游等各行业，未来产业链或许将被重塑。比如文旅行业，可以通过 VR 让用户在家中就可以享受到全球各地旅游的体验；医疗行业的理论教学、临床技术培训、技术演练等都可以在元宇宙中进行。

3.3.2 新商业生态下的企业动向

全球各大企业一向不放过任何可发展的新兴市场，那么面对元宇宙带来的新商业生态，它们又有什么行动呢？我们通过国内外在元宇宙领域布局动作最多的 Meta 与字节跳动为代表案例来初步了解一下。

Meta 是所有入局者中表现最激进的企业，在硬件入口、内容场景、人工智能、底层架构均有所布局。

硬件入口：2014 年收购 Oculus，研发 Project NazareAR 眼镜；

内容场景：投资收购一系列 VR 游戏开发商、影视内容制作商，VR 吃鸡游戏《Population:one》表现抢眼；

人工智能：在 Connect 2021 大会上，发布涵盖一系列机器感知与人工智能功能的 Presence Platform；

底层架构：支持元宇宙学习的生态系统 Facebook Reality Lab，成为企业最核心的研发部门。

字节跳动是以社交与娱乐为切入口，基于短视频流量优势在海内外同步发力，对打腾讯，效仿 Meta，主要在硬件入口、底层架构、内容场景上发力。

硬件入口：2021年9月，字节跳动以90亿人民币收购国内头部VR厂商Pico，以补足自身硬件短板。Pico拥有完善的产品矩阵，能够满足居家观影、移动娱乐与VR在线社交教育、模拟仿真、展览展示、云游戏等多样需求。

底层架构：2021年4月，字节跳动以1亿元投资元宇宙概念公司代码乾坤，拥有物理引擎研发技术，且已有成功应用案例《重启世界》。物理引擎是用于计算2D或者3D场景中物体与场景之间、物体与角色之间、物体与物体之间的运动交互和动力学。

内容场景：已组建超1000人的研发团队，已成功打造Ohayoo、朝夕光年与Pixmain三大自有游戏平台。并在文娱内容领域多有布局，如推出网文产品、投资数字阅读公司。

除了Meta、字节跳动，其他巨头企业也是动作频频，从它们的行动中就可以确定元宇宙催生的新商业生态有多吸引人。

3.3.3 新商业生态下的实体商业

在元宇宙的影响下，实体商业形态又将出现什么变化？它能给实体商业带来哪些新商业机会呢？

第一，在元宇宙的影响下，未来线下实体商业项目会拥有自己的虚拟人代言团，获得自己的粉丝群体，并打造自己的虚拟生活圈。

第二，实体商业将在元宇宙中开设虚拟概念店，实现线上线下共同发展。

第三，线上的虚拟空间将给实体商业带来新的消费场景，其商业空间将更加多样化。

第四，商业运行模式变化，娱乐类型的实体商业将被取代，比如影院、KTV、线下演唱会；零售品牌的所有购物行为都在线上进行，虚拟人代替真人逛街与试穿衣服。

第五，虚拟主播逐步代替真人主播，目前已经有实际案例，如柳夜熙。

3.4 拓宽新消费场景，带来更大想象力市场

元宇宙已经成为当下最热门的概念，被认为是一个平行于现实世界的、始终在线的虚拟世界，因而受到国内外各大企业的热评，张家界文旅行业也把目光投向了它。2021年11月18日，张家界元宇宙研究中心在武陵区正式成立。

有人质疑一个文旅项目为什么也要搞元宇宙？这是蹭元宇宙的热度吗？当然不是，张家界文旅只是希望借用"元宇宙"概念打造新的消费场景，让文旅行业也能在数字化转型中获得先机。

元宇宙拥有与现实世界相连接的完整的经济系统，同时它还拥有十分丰富的场景内容，这两者相结合不仅能满足旧有的用户需求，还能催生新的消费需求，从而诞生新的商业业态。

3.4.1 线上沉浸体验改变零售消费模式

随着技术的不断升级，消费者的上线购物体验越来越直观，能够获得的信息量也将越来越丰富。从早期的电视购物，到淘宝传统的图文模

式，再到当前的直播带货。每一次技术的升级，都能带来新的消费模式，用户也能从中获得新的线上消费体验。现在我们就来看看以下对比（见表3-2）。

表3-2 技术升级带来的消费模式改变

技术	消费方式	消费过程
电视	电视导购	用户通过观看电视购物节目打电话预定
电商	淘宝、京东	用户通过电商平台，在查看产品图文信息后，通过在线支付下单购买
直播	小红书、淘宝、抖音	用户通过观看各平台主播的直播带货介绍，通过直播间提供的链接购买产品

而元宇宙的到来，也势必像以往的每一次技术升级一样，给用户带来新体验的同时，也带来新的消费模式。那么元宇宙中的具体消费模式是什么呢？

元宇宙时代下，用户的消费体验将引来新的一次交互体验的升级，在AR、VR等技术的带动下，用户的消费模式将更加沉浸，这种沉浸感可以消除以往消费模式的痛点，最终替代传统消费模式，成为新一代用户的消费模式选择。

当下，就有不少企业使用虚拟现实设备来改造消费模式，以提升用户的消费体验。新氧为用户提供了AR检测脸型的服务，用户只需要通过脸部扫描就可以推算出适合每位用户的妆容、发型、护肤品；得物推出的AR虚拟试鞋功能，可以让用户在挑选自己喜欢的鞋子后直接VRSH试穿。这种消费方式让用户在手机上就可以直接体验到线下才能体验到的消费效果。

当然，以上两种方式还不能算是改变了消费模式，但元宇宙会在这种模式的基础上进行改变。元宇宙平台将建立百货商店，邀请现实世界的各大品牌入驻，同时利用数字孪生技术完美复制现实世界中的产品，产品的逼真程度和现实世界的产品无二。而用户则可以通过自己的虚拟人身份在虚拟百货商场中逛来逛去，挑选喜欢的产品。同时，如果将虚拟人的身高、三维都设置成自己现实世界的数据，则可以对衣服、鞋帽进行试穿试戴。用户挑选到产品后就可以直接在元宇宙中下单购买，品牌方则通过快递等方式将产品送到用户家中。

元宇宙塑造的这种新消费模式，比起传统消费模式有以下优势：

第一，让用户获得线下实体购物的体验；

第二，保证挑选到的产品适合自己；

第三，元宇宙邀请各大品牌入驻，用户可以购买到自己想要的任何产品；

第四，用户不受时间、空间的限制就可以完成整个消费过程。

3.4.2 改变文旅行业的旅游消费模式

为什么张家界文旅也要借助元宇宙的东风？因为通过元宇宙可以改变文旅行业的旅游模式。2020年到2021年这两年受新冠疫情的影响，各行各业都遭受到了严重的冲击，文旅行业是受创最严重的行业。为了有效控制新冠疫情，基本上不提倡旅游，因而文旅行业损失不小。当前全球各地的新冠疫情表现并不乐观，文旅行业也将继续停滞。

但是元宇宙的到来，让文旅行业看到了新的旅游消费模式，张家界正是因为看到了元宇宙带来的利好，才会成立元宇宙研究中心。无疑，它的选择是正确的。借助元宇宙的力量积极打造常态文旅消费新场景，不仅避开了新冠疫情带来的负面影响，还在文旅行业的数字化转型中获得了先机。

元宇宙是如何改变文旅行业的消费模式的呢？

第一，让远在天边的事物近在眼前。迪士尼董事长包正博对此是这么描述的："如果你想和迪士尼公主共进午餐，你以后真的可以这样做。虚拟现实是将物理和数字结合起来，以一种有凝聚力、不受束缚的方式将它们整合在一起，这对创造性思维来说是极大的解放。"也就是说，通过虚拟现实技术，可以把现实中的自然景观完美复刻到元宇宙平台中，让用户在家中就可以体验到各大旅游景点的美丽风景和独特文化。

第二，消除旅游行业的淡旺季之分。过去，文旅行业受到以下几个方面的影响（见图 3-2）。

- 自然旅游景点受天气影响大
- 容客率较低，消费总额受到限制
- 受国家法定节假日影响
- 单向生产、单向消费的供给关系。景点不开放用户就无法旅游

图 3-2　影响文旅行业的四大因素

受这些因素影响，旅游行业有淡旺季之分。但是在元宇宙的在线模式下，这种淡旺季之分都可以消除。将元宇宙的3D可视化、VR、全景展示、实时仿真等技术与文旅行业相结合，就可以给游客带来与真实情境无异，甚至更优于真实情境的旅游体验感受。而且不受时间、空间的限制，用户可以随时随地去看自己喜欢的旅游景点，不管是在夏天想看冬天的雪景，或是在中国的你想看非洲大草原上奔跑的动物，在元宇宙世界中都可以获得满足。

3.5 走出移动互联网发展困境

互联网的出现改变了整个世界：第一，它改变了人类信息获取与传播的方式；第二，改变了人类的生活方式；第三，颠覆了各行各业的商业结构，对传统商业造成了严重的冲击，同时，又催生了新的商业模式；第四，互联网下的数字经济推动了社会经济的发展。

互联网的出现不仅让使用者们眼前一亮，更是让各大创业者找到了新的商业机会，于是各种依据互联网服务的产业如雨后春笋般涌现，而中国的 BAT 互联网三大巨头也诞生于这个环境中。

3.5.1 当下互联网的发展瓶颈

互联网虽然给各行各业带来了红利，但是现在的互联网已经到了红利天花板。大量资本的涌入，让互联网各行各业都趋于饱和，互联网企业巨头之间的竞争也已经呈现白热化。这种激烈竞争状态下，互联网隐藏的问题也随之浮现：互联网已经遭遇发展瓶颈，如果不解决这些问题，那么互联网整个行业将会面临崩塌的危险。其具体表现如下：

第一，创新乏力。从2015年开始，各种抱团取暖的戏码在互联网领域频频上演，收购并购市场热火朝天。但这并不是行业走向成熟的表现，实质上是这些企业通过并购放弃了竞争。而放弃竞争的结果就是只能通过"烧钱大战"获取市场，而不是靠创新的产品和服务来赢得用户，最终使得市场活力下降。目前，社交、电商、金融等互联网现有的几个行业，其呈现出的模式都是大同小异，这就是创新乏力的表现。当然，创新乏力，恶性竞争的负面结果也反馈到了互联网企业身上，以BAT为首的互联网企业增速明显减缓。

第二，市场饱和。CNNIC的数据显示：截至2021年6月，中国网民规模达10.11亿，互联网普及率达71.6%；截至2021年6月，中国手机网民规模达10.07亿，网民使用手机上网的比例为99.6%；2021年中国移动互联网用户日均使用时长为5.8小时,但这个数字前几年就已经达到，6小时的天花板依旧没有被突破。从这个数据我们可以明确，中国互联网市场已经饱和，流量红利已经消失殆尽，不仅是早已在市场内的企业无法获得增长，后来者们更是没有多少成功的机会。

第三，体验单调。当前的互联网内容基本是通过文字、声音、视频的方式呈现，内容呈现方式单一，用户也无法获得更好的新鲜体验，这也是用户平均时长多年无法突破6小时的根本原因。Facebook、微信是互联网社交产业的典型代表产品，它们的出现改变了人与人之间的交流方式，人们从以往的电话或面对面交流方式，转变为可以远程通过文字、语音及视频进行交流。但是，这种交流的效果却远远比不上线下面对面的交流效果。此外，人们也不会通过社交工具进行线上相亲、举办 Party 等活动。

3.5.2 元宇宙如何解决互联网发展痛点？

从上文的叙述中我们即可明确："互联网的发展确实已经遇到了瓶颈"，为了打破这种瓶颈，各大企业都在寻找新的突破口，但是一直没有合适的解决方案，直到元宇宙的出现。元宇宙能帮助互联网突破发展瓶颈，获得新的发展机会，这也是各大企业纷纷入局元宇宙的原因。

那么元宇宙具体如何解决互联网的问题呢？

第一，元宇宙庞大的市场规模可扩充到互联网的市场上。彭博行业研究预计元宇宙市场规模将在 2024 年达到 8000 亿美元，普华永道预计元宇宙市场规模将从 2020 年的 500 万美元增至 2030 年的 15000 亿美元。元宇宙的发展离不开互联网的支持，互联网下的各种技术产业是构建元宇宙的基础，而这些技术产业就是互联网企业可努力的方向。就像是依托互联网而上的游戏行业，原先游戏行业除了进行玩法和内容上的创新，已经很难再有进一步发展，用户体验也越来越单一。但是元宇宙最先应用的行业就是游戏行业，这就是许多游戏企业可发展的方向，现实中已经有企业获得了成功，比如 Roblox。

第二，元宇宙为互联网产品带来更加沉浸式的体验。沉浸式体验是元宇宙最核心的特征，这是元宇宙与互联网最直观的差别。在元宇宙世界里，用户通过 Avatar、动作捕捉、手势识别、空间感知、数字孪生等 VR/

AR相关技术和交互设备，不仅可以进行沉浸式学习、购物、教育、旅行等，更是可以获得与线下面对面交谈一样效果的沟通。而这些是以往互联网完全不能给予的体验，这种体验可以无限加长用户停留在元宇宙里的时间。腾讯、Facebook等互联网社交巨头企业如此重视元宇宙，就是为了改变原先的单调体验感，延长用户在自己平台停留的时间。

第三，开放的创作系统改变互联网的创新乏力。传统互联网行业新产品、新应用研发都是靠企业打造的，用户只负责给予建议、使用产品或是生产内容。这种情况就导致了企业不创新，整个互联网行业就缺乏创新。但是，元宇宙是用户创造驱动的世界，里面的一切事物都是靠用户来打造。用户通过平台提供的创造工具就可以开发新产品，然后获得经济收益。而用户的数量是庞大的，用户的才能是无限的，它能源源不断地提供新的产品、新的服务。

比如Roblox旗下的Roblox Studio是一个允许游戏开发者和虚拟物品创作者构建、发行和运营3D体验和其他内容的工具平台，除此之外，Roblox Studio还为开发者提供发行、渠道等服务。有了开发者的开发，Roblox Studio才能源源不断地生产新产品，然后用这些新产品吸引用户。

第四章 场景：
元宇宙在当下行业的实际应用

为什么2021年被誉为元宇宙元年？为什么元宇宙受到各方的追捧？是因为在这一年，元宇宙已经从游戏衍生到商业应用。元宇宙为当下社会带来的不仅是游戏上的更高级的体验和商业价值，还包括它在各行各业的应用价值。一个新兴事物可应用的行业越多，其受到的认可就越高，价值也就越大。

4.1 游戏：第一个应用元宇宙的行业

2021年3月10日，纽交所的钟声又在此响起，世界上最大的在线游戏平台 Roblox 在纽交所成功上市，估值近300亿美元，后来一度超400亿美元。之前就有许多投资机构看好这家企业，2020年2月，Roblox 获1.5亿美元G轮投资，由硅谷风投公司 Andreessen Horowitz 领投，淡马锡和腾讯参与，Altos Ventures、Meritech Capital 和 Tiger Global 等跟投，估值约40亿美元。

一年的时间，企业估值就从40亿美元变成了400亿美元，到底是什么让 Rolox 变得如此值钱，它又为何在市场上如此受欢迎？归根结底，还是因为元宇宙。

纽交所几乎每天都有上市的企业，人们早已见怪不怪，但 Roblox 却引起了巨大的关注，因为该企业一直是以"元宇宙"为游戏创造概念，它的成功上市，让人们看到了"元宇宙"在商业上的可行性。Roblox 的上市也提高了"元宇宙"一词的热度，谷歌显示，该词条热度曾在5天增长1150%，而其本身因具备元宇宙属性，被认为是未来世界的社交平台，有望成为下一个 Facebook。

不仅是 Roblox，还有其他游戏企业也在大打"元宇宙"概念，开发各种与"元宇宙"相关的游戏，可以说，游戏行业是"元宇宙"第一个应用且得到价值回报的行业。现在我们就来看看游戏行业是如何应用"元宇宙"这个概念的。

4.1.1 游戏适合元宇宙的原因

为什么游戏是元宇宙第一个应用的行业？因为游戏本身有天然适合元宇宙的优势：

第一，游戏有强体验性，容易让用户获得沉浸感。为什么打游戏会让人上瘾？因为其本身设置了如角色身份、游戏情节、升级打怪等，在玩游戏的过程中很容易让人进入游戏场景中。这种沉浸感可以让用户潜移默化地接受一些他原本就抵抗的东西。

比如许多人不爱学习，但是如"江南百景图"中设置了许多与历史文化相关的闯关环节，用户们为了闯关升级，反而会用心去解答这些以往学习时抵触的东西，即使不知道答案，也会通过百度搜索，或是书籍查询，从而得到正确答案。

第二，游戏环节适合打造价值闭环。大到一家企业，小到一个项目，要想成功就必须有一个价值闭环，元宇宙如果想得到持续且正向的发展，自然也需要。而游戏本身就有经济模型。在游戏中，用户可以通过打怪升级、设备升级或是参加各种活动来获得游戏货币，而这些货币也可以在游戏内出售，从而获得真实的经济效益。

第三，带动其他产业发展，形成价值衍生。要形成一个元宇宙，需要许多技术的支持。比如 AR、VR、区块链、5G……因此，元宇宙一旦兴起，带来的市场规模也非常庞大。而游戏行业本身就在应用这些技术，比如 VR、AR，所以元宇宙本身就具备共通性。元宇宙要从一个概念变成可落地的新兴事物，游戏行业无疑是最好的栖息地。

4.1.2 元宇宙游戏的特点

元宇宙游戏有如下特征：

第一，元宇宙游戏是构建在或部分构建在公共区块链上的一种游戏；

第二，数据由游戏玩家自己拥有并控制；

第三，与传统游戏不同的是元宇宙游戏可以通过数字确权；

第四，元宇宙游戏中的任何物品都属于玩家个人物品，可自由转赠买卖，平台不能禁止，包括角色、道具；

第五，在元宇宙游戏中，玩家拥有数字身份通行证，这种通行证可以保证玩家的权利，保证财产权、隐私权，不像传统游戏数字一样所有结果由平台控制；

第六，数字身份通行证可以通用，可用同一个通行证登入各种不同游戏；

第七，因为去中心化带来的强势确权，相比传统游戏，元宇宙游戏可以完善经济模型，让玩家的资产能更好地创造价值或升值。

第八，元宇宙游戏可以让玩家自己创造开发，比如内容创造、建造房屋等，其他人要使用需要付出一定的费用，这有效激励了创作者。高效益可以吸引更多的创造者在游戏中创作，而好的内容又能吸引更多的玩家，从而形成良性的价值闭环。

4.1.3 元宇宙游戏的应用要点

任何东西都是相生相互的，元宇宙要通过游戏落地，而游戏则需要通过元宇宙得到进一步发展，而随着元宇宙游戏第一股 Roblox 的上市，越来越多的游戏企业开始打起元宇宙的主意。但是要做好元宇宙游戏并没有那么简单，它需要掌握以下几点：

第一，具备与现实世界的同步性与高真实度，这需要 VR、AR、XR 等技术的支持，因为它们可以起到以下三点作用（见图 4-1）：

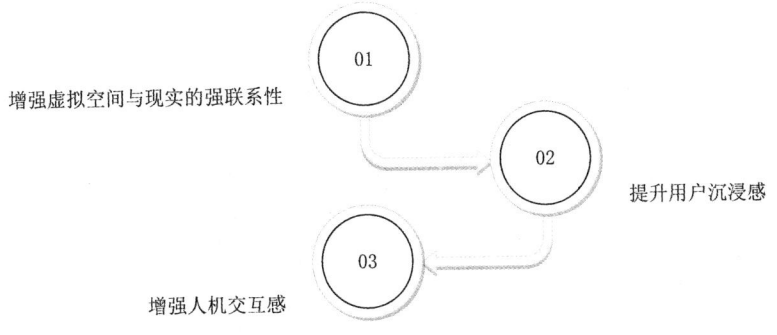

01 增强虚拟空间与现实的强联系性

02 提升用户沉浸感

03 增强人机交互感

图 4-1　VR、AR、XR 技术对元宇宙游戏的三大作用

第二，具备低延迟性、即时性，这需要 5G 甚至 6G 技术的支持，该技术可帮助元宇宙实现同步性与即时性。目前 5G 技术已经开始普及，对设备要求不高，一般的游戏企业都可以做到。

第三，具备开放、创新创造的文化，这需要区块链的支持。该技术可以让元宇宙游戏去中心化，保证数据的可信度与安全性。数据安全一旦得到保证，那么游戏社区自然变得更加开放，而开放的环境文化就能带来更多的创新与创造，为元宇宙注入源源不断的新鲜血液。

第四，具备可持续发展的、闭环运行的经济系统。要形成这个经济系统，就需要元宇宙游戏拥有自己的生产系统，用户、开发者、创造者在游戏内就能形成闭环的系统，催生大量经济活动，最终形成元宇宙文明形态。

4.2 电影：打破现实界限，提升视听体验

2021年8月13日，电影《失控玩家》在北美上映，同年8月27日在中国内地上映，影片讲述一个孤独的银行柜员发现自己其实是大型电游的背景人物，并且他是唯一能拯救所处世界的人。

电影里有两个世界，一个是现实世界，一个是虚拟世界，现实世界里的人戴上 VR/AR 眼镜，就可以进入虚拟的游戏世界，在虚拟世界里做自己想做的事。

在游戏里有两种角色：一种是玩家角色，他们可以扛着枪打打杀杀，赚取火力值，提升战斗力，然后打败对手；一种是非玩家角色，他们是"NPC"，每天完成该做的工作，有了 NPC 的存在，这个虚拟世界看起来和真实世界无异。

电影的上映引起了巨大的反响，观众热议的不仅是电影的内容，还包括电影所涵盖的一个概念"元宇宙"。都说游戏是元宇宙第一个被应用的行业，实际上元宇宙的某些要素在电影里早就有所体现，只是当时"元宇宙"还不被大众所知，所以大众认为这些电影属于"科幻电影"，直到电影《失控玩家》的出现。

4.2.1 元宇宙电影的定义

到底什么是元宇宙电影呢？它属于科幻电影吗？还是一个新的电影类型。从类型电影来说，元宇宙属于科幻电影的大类，科幻电影的背景设定是一个虚构的，但原则上可能会成为现实的空间世界。元宇宙的科学基础之一就是当代的虚拟现实技术，在元宇宙电影中，虚拟现实技术打造了电影世界观的主体架构，而这个架构有着极高的真实性，使人迷失在虚拟与现实之中。所以，元宇宙电影可以作为科幻电影的分支，但是随着元宇宙的发展以及元宇宙在电影行业的应用，元宇宙必然将成为电影中的另一个大类。

4.2.2 元宇宙电影的亮点

《失控玩家》全球票房突破18亿美元，是一部最卖座的科幻类电影，观众对电影的评价也极高。之所以有如此佳绩，是因为元宇宙给《失控玩家》带来了以下几项优势：

第一，场面科幻却真实。在元宇宙电影中，奇幻科幻场景是最显著的特征，保留了科幻电影的优势。但与科幻电影不同的是，元宇宙既是对现实世界的超越，也是对真实世界的映射，因此科幻场面又接近于真实世界的场景。这可以给观众带来比科幻电影更深的沉浸感。

第二，冲突来自现实世界。电影的冲突一般来自内心冲突、人际冲突、社会冲突、人与环境的冲突。但元宇宙电影中，其冲突则是来自对现实世界的质疑与反抗。主人公在现实世界中遭遇了各种困难，然后进入虚拟世界中获得解决。元宇宙电影里的世界不同于现实世界，有着自己的规则，可以逃避现实的不堪，在元宇宙世界里构建一个自己理想中的经济系统、文明体系、人物身份、社会关系。

第三，科学先进的设定。在科学设定上，元宇宙电影和科幻电影也有共同之处，比如人类自己创造的人工智能已经强大到不受控制，人类则变得脆弱；但是元宇宙电影中则是把人类与人工智能放置于算法规则的统一控制之下，一旦失控，虚拟服务器即被销毁，虚拟世界崩塌。不过，现实中的元宇宙不是电影，它不是由一个人或是公司管理的，其规则也不是由一个人制定的，而是由参与到元宇宙的每一个人共同制定。

第四，对现实世界的焦虑引发的反思。元宇宙电影反映的主题是人类对于世界真相的焦虑，当主人公的焦虑被唤醒后，就会触发危机，人类必须在虚拟世界中全力自救，才能让现实世界中的自己得到安全保障。

4.2.3 元宇宙要素在电影里的体现

上文有述，除了《失控玩家》外，以往的许多科幻类电影或多或少地就出现了元宇宙的要素，现在我们就来看看具体情况（见表4-1）。

表4-1 体现元宇宙要素的电影

电影	技术	情节
《头号玩家》	VR可穿戴	2045年，处于混乱和崩溃边缘的现实世界令人失望，一个由鬼才詹姆斯·哈利迪一手打造的虚拟游戏宇宙，成了人们向往的绿洲，只要戴上VR设备，就可以进入这个与现实形成强烈反差的虚拟世界
《她》	人工智能	以人工智能的形式融入人类现实生活，提供便利，甚至建立起某种情感联系
《入侵脑细胞》	虚拟现实	女心理学家为了找到被绑架女孩的位置，冒险进入了变态杀人狂的大脑之中，靠着虚拟现实，人格得以用具象的方式呈现出来
《感官游戏1999》	虚拟现实	一款以一种生物体作为驱动器的虚拟实境游戏正在召开发布会，游戏设计师为了躲避杀手，与救走她的保安双双进入游戏的异世界
《黑客帝国》	人工智能	网络黑客尼奥发现看似正常的现实世界实际上是由一个名为"矩阵"的计算机人工智能系统控制的，尼奥在一名神秘女郎崔妮蒂的引导下见到了黑客组织的首领墨菲斯，三人走上了抗争矩阵征途的故事

4.3 会展：不受时间、空间、地点影响

2021年12月5日，第七届中国虚拟现实产学研大会（CVRVT2021）开幕式、主论坛活动圆满落幕。此次大会受到了前所未有的关注，与前几届不同，此届活动的主题不仅与当下热门的"元宇宙"概念有关，同时也把"元宇宙"概念实际应用到了会展活动中。

会展以"虚拟现实，让生活更美好"为主题，开幕式及主论坛活动以元宇宙会展形式召开，正式实现了元宇宙概念在展会落地，成为元宇宙历史上一个里程碑事件。5日当日，线上有一万多人观看及参与了此次活动。

什么是元宇宙会展？元宇宙如何实际应用到会展中？回答这个问题之前，我们先来了解什么是会展。会展是指在一定的空间、时间内，让许多人聚集在一起形成的传递和交流信息的商业或是非商业的群众性社会活动，包括博览会、展销活动、大中小型会议、文化活动、节庆活动等。

在以往，会展可以说是线下最有效的宣传渠道之一，因为它可以使参与用户获得真实的体验感。但是会展受时间、空间的限制，所以影响力辐射范围有限，加上近年因为新冠病毒的出现，各种会展开展得非常艰难，会展活动一度停滞。曾经依赖会展的各个企业，为此苦恼不已，元宇宙的

出现解决了他们的难题，元宇宙技术可以让会展不受时间、空间、各种突发事件的影响顺利举办，而且还能带来比传统会展更好的效果。

元宇宙是如何解决会展困境，推动会展发展的呢？

4.3.1 元宇宙对会展行业的正向推动

元宇宙对会展行业的意义，上文已经提到，但具体是如何体现的呢？除此之外还有什么意义吗？

第一，不受空间限制。传统的会展只能在固定地点举办，吸引参会的多数为本地人，其他地区的参会人员需要耗费大量时间、金钱、精力从其他地方赶往此处，因此如果不是特别有需求的用户，大多数人不会为了一个会展投入如此高的成本。而元宇宙的技术可以有效解决这个问题，通过新技术，用户只要在线上就可以全程参与会展，即使这个用户远在海外。

第二，不受时间限制。传统会展需要租场地，尤其要吸引更多的人参与或方便参与，只能租一线城市的展会厅，而这些地方的展会厅不仅价格昂贵，还非常抢手，因此能租的时间都有限制。热门地点的会展时间通常短则三天长则一星期。受时间限制，就会造成两种情况（见图4-2）。而元宇宙会展不受时间影响，主办方可以选择一个不受租约时间影响的地点举办，用户可随时参加。

👌 用户在同一时间涌入，造成展会不堪重负，秩序混乱，影响用户参会体验

👌 个别用户或是在展望的潜在用户来不及参加，影响展会的参会率

图 4-2　会展受时间限制产生的两大副作用

第三，不受不确定性事件影响。在会展行业，经常出现策划了许多会展活动，一切只等到时间顺利开展，却因为某个突发事件取消会展，一旦取消受到的损失可想而知。就比如受新冠疫情的影响，一旦出现，会展这种聚集性的活动就必须取消。而元宇宙根本不用真人参加，完全不需要考虑这个问题。

第四，降低会展成本。举办会展对于各个企业来说都是一件大事，因为需要投入极大的成本。因为会展涉及前期策划、场地租金以及搭建、用户邀约、会展当天的工作人员安排，有些会展还需要负责参会用户的食宿和交通费，这些都需要不少资金。而元宇宙不受空间限制，可以选择租金较低的场地，甚至在企业内举办，不用真人参会更少了人力投入成本、食宿和交通成本。

第五，吸引新类型用户。除了一些二次元行业，参与会展的一般都是"80后"、"90后"人群，因为他们习惯通过展会进一步了解目标。而元宇宙是个新兴事物，其使用到的各种技术也是新兴技术，它们的目标人群有90%是Z时代人群，且以"00后"为主。而Z时代消费者有五个消费特

征（见图 4-3）。所以，元宇宙展会可以为企业吸引一批 Z 时代的消费者，即使目前不是企业的主力消费用户，也可提前把品牌形象植入未来主力消费者的心智中。

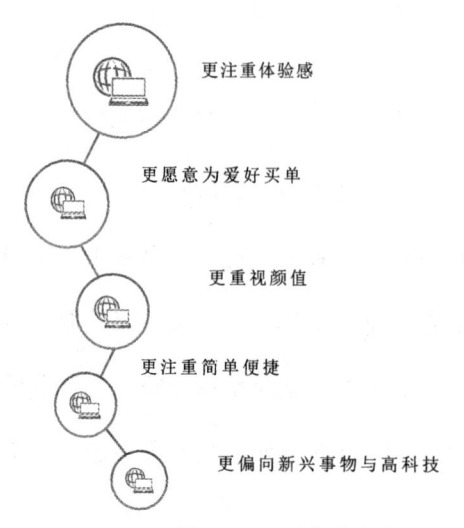

- 更注重体验感
- 更愿意为爱好买单
- 更重视颜值
- 更注重简单便捷
- 更偏向新兴事物与高科技

图 4-3　Z 时代消费者的五大特征

第七届中国虚拟现实产学研大会的举办就符合以上几个特征，首先是因为疫情影响从线下改成了线上。VSWORK 元宇宙虚拟现实展馆则突破传统展览不能跨越时间、空间的会展交流限制，实现多人异地沉浸式协同。

云端会议、虚拟空间会议，则可以让万人在 VSWORK 元宇宙会展厅内举办同场的大型报告、实时互动的主题论坛、高端私密的 VIP 沙龙，同时还能公开且精准地向大众展示产品。参会商直接在虚拟空间内完成了技术、产品、解决方案的互动交流。

参展商更表示 VSWORK 元宇宙展厅为他们解决了三大难题：

一是为他们在布展成本、人工人本、时间上，最少节省了超6位数的预算；

二是解决了因防疫政策、时差、恶劣气候等不可抗力，而无法参加展会的时空问题；

三是 VSWORK 元宇宙展厅可做到永不落幕，增强了宣传的时效性，且比线下展会更绿色环保。

4.3.2 元宇宙展会形成新场景

元宇宙被展会应用后，可能会形成以下五种新场景：

场景一：NET 化门票。把门票做成 NET，因为两者有以下两个相同之处（见图 4-4）。

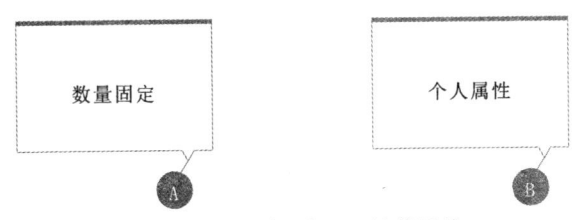

图 4-4 门票 NET 的共通处

场景二：个性化内容。参展商可以购买主办方设置的虚拟组件自己设计展位，而虚拟立体式的展会给了设计师更大的发挥空间，比如结构就无须受到材料限制。

场景三：虚拟化身份。元宇宙的展会、会议更加虚拟化，基于 NET 的加密性，双方可以在不知道彼此身份的情况下完成交易，且无须担心虚拟化身份带来的信任风险。

场景四：长效化展示。元宇宙展会可以和动物森林会一样，实现动态展示，参展商可以随时更新展会内容，而参会用户则可以订阅不同商家，随时提供更新动态提醒。展位内容每一次的更新都可以带来新的参会用户，使展会可以持续，参展商得到长效化的展示效果。

场景五：多元化交流。元宇宙展会可以提供更多元的交流方式，方便有各种不同需求的参展商与用户，如表情、文字、图片、视频、语音。VSWORK元宇宙展会，就提供了非常丰富的功能，如全过程的视频直播，自由切换的PDF和视频介绍，私密的VR空间会议室等。2021年12月5日当日，就有超过2000人通过VR眼镜、PC、手机等方式进入展厅与参展商进行互动。

4.4 社交：打造交友新方式，掀起社交新浪潮

"在平行世界以外，再造一个新宇宙。"这正在成为各个企业的下一个目标，也是社交平台企业的下一个目标，"在元宇宙的世界里，打造一个社交 4.0 时代"。而把自己定义为：SOUL 把自己定义为"年轻人的社交元宇宙"，无疑是社交领域对元宇宙进行实际应用的先行者。

除了 SOUL，越来越多的公司都在打造元宇宙社交平台，比如百度打造了希壤，Facebook 改名为"Meta"，取自"metaverse"的前缀；A 股上市企业天下秀推出了国内首个基于区块链技术的 3D 虚拟社交平台——"Honnverse 虹宇宙"……在处于市场混沌时期，就已经有不少企业落地元宇宙社交。那么，元宇宙社交到底该如何操作呢？社交与元宇宙之间又存在什么样的关系？

4.4.1 社交与元宇宙相互作用

为什么众多企业都在打"社交元宇宙"的主意？根本原因是两者之间在相互作用，这种相互作用的关系，让社交行业成为最容易应用元宇宙概

念和技术的行业之一。

第一，元宇宙的交互离不开社交。过去30年，从WEB1.0到3.0，互联网的迭代速度极快，而随着互联网的迭代，社交的方式也在快速迭代，它们的迭代本质都由一个因素推动——加强人与人之间的互动，也就是如何用更好的方式让人们进行社交。而在元宇宙的发展中，"人与人"的社交也将继续扮演核心驱动力的角色，社交平台也成了元宇宙落地的支撑框架之一。因为元宇宙如果要实现多个个体在虚拟世界里进行交互，在这几个过程中就离不开社交。

社交是现代网民的刚性需求，并渗透进多个垂直行业，购物、育儿、游戏、短视频、支付等领域在加入社交元素后，其口碑效应与用户裂变的效果都得到了几何式的增强。而垂直行业社交的用户打通后，就可以让其流入巨头打造的元宇宙中。

第二，元宇宙打造社交4.0时代。从社交1.0到社交3.0时代，每一代社交的更新都离不开技术的驱动，而元宇宙中的新兴技术，必然能给社交带来三大改变（见表4-2）。

表4-2 元宇宙新兴技术给社交带来的改变

改变方向	应用技术	实际情况
更沉浸式的社交体验	VR/AR	无限接近真实世界的虚拟现实技术将突破传统的语音、文字、短视频等传统社交形态的限制，带来更趋近真实、更立体可见、更新鲜的社交体验
更加个性化的社交内容	大数据	社交领域的社交内容和场景基于个人喜好而形成，而元宇宙中应用到大数据技术，让用户可更加便捷快速地找到兴趣爱好相同的伙伴

续表

改变方向	应用技术	实际情况
更加多元化的社交资产	NET	元宇宙中的社交账号并不是在于粉丝数量,而是虚拟空间的数字收藏品、虚拟性、独家IP内容、投资产业等

4.4.2 社交对元宇宙的具体应用

SOUL 的官网是这么介绍自己的："SOUL 是基于兴趣图谱和游戏化玩法的产品设计,属于新一代年轻人的虚拟社交网络。"

SOUL 成立于 2016 年,致力于打造一个"年轻人的社交元宇宙",最终愿景是"让天下没有孤独的人"。在 SOUL,用户可以毫无顾虑地表达自己,认知他人,探索世界,交流兴趣和观点,获得精神共鸣和认同感,在交流中获取信息,并获得有质量的新关系。

在 Z 时代带来的社交新浪潮下,SOUL 展现真实、有趣、温暖的社交面貌,不断满足年轻人的精神追求。

Soul App 用现实世界中不相识的用户在平台上的关系沉淀和留存为正样本,基于用户的社交画像和兴趣图谱,通过机器学习来推荐用户可能会产生的高质量的新关系。让每一个来到 SOUL 的个体都可以被快速推荐到一些高维空间距离自己最近的人和内容,低成本地开启交流,获得高质量的关系。

从上文看来,SOUL 好像和与元宇宙没有什么大的关系,也没有体现与元宇宙关系巨大的核心技术,但它为何还以"元宇宙"来定义自己,并得到这么多人的支持呢?

第一，展现了元宇宙核心精神。根据前文所述我们可得知，在元宇宙的世界里每个人都可以创造一个或多个身份，和不同的人进行社交，彼此可能不知道是谁。因此，人们的社交方式更注重"精神交流"，而SOUL摒弃传统社交软件让用户上传真实头像的设计，采用虚拟捏脸的方式，弱化"颜值社交"，鼓励精神共鸣。

第二，创造了元宇宙经济系统。元宇宙能否真正实现，最重要的是它的"经济系统"，而SOUL显然具备了。SOUL的捏脸有人吐槽像QQ秀，但它们最根本的区别是——创作者经济系统，平台会给创造者提供简单易上手的开放系统，由其自行创作，并获得经济收益。SOUL个性化商城6月上线，截至12月，签约审核了80个捏脸师，平均月传7000到8000个头像，分为30、50、70元三个单位，用户平均消费金额为43.8元，单个用户最多购买频次达到53次。

第三，打造基于兴趣图谱的社交关系。元宇宙的一大构成要素是"朋友"。每个进入元宇宙的用户都可以与不同的人社交，而SOUL也精准抓住了这一点，用兴趣图谱为SOUL元宇宙的用户们建立起联系。用户可在平台上捏一个符合自己个性的个人形象，然后通过灵魂测试给自己塑造一个人格，最后再打上兴趣化的标签，SOUL则会通过推荐机制，把可能会产生的高质量新关系推荐给用户。此外，SOUL还提供了多种社交方式：通过语音与系统分配的用户进行聊天；通过群聊派对、狼人杀等游戏，与多人建立联系；通过图文、视频、语音发布信息，在SOLU标签机制下，发布的帖子会通过算法被系统精准分发给更多用户。

4.5 艺术：数字藏品，开启收藏品行业新类别

2021年的"双十一"，与以往有很大的不同，用户们的关注重点不再是各种优惠折扣算法，也不是各种商品，而是元宇宙。因为天猫在"双十一"期间，推出了《天猫双十一首届元宇宙艺术展》，听到此，你可能会以为这是一个与元宇宙技术有关的艺术展览。其实，并不是如此，而是天猫销售商品的一个新品类。元宇宙艺术展页面包括有BURBERRY、自然堂、小鹏汽车、五粮液等八个知名品牌在内的品牌商参展，但是他们不是在销售商品，而是在销售独属于它们品牌的数字藏品。

数字藏品是使用区块链技术进行唯一标识的经数字化的特定作品、艺术品和商品，其呈现形式有数字画作、图片、音乐、视频、3D模型……每个数字藏品都带有区块链上的唯一序列号，不能更改、分割、互相替代。数字藏品有特定作品、艺术品和商品的实际价格做支撑，并不能替代货币的功能，所以与虚拟货币存在本质上的不同。

除了天猫，不少企业都推出了数字藏品（见表4-3）：

表4-3 支付宝与微信发布的数字藏品

发行平台	发行时间	获取方式	藏品名称	发行数量	发行价格
支付宝	2021年12月16日 12:00	支付宝搜索"鲸探"	《中国冰雪雪娃》系列 共四款	每款8000份	单价19.9元
	2021年12月16日 14:00		《妇好鸮尊》	10000份	单价19.9元
微信	2021年12月16日 14:00	微信搜索"洞壹元典"	《孤独的自我》系列 共三款	每款2000份	单价19.9元
	2021年12月17日 18:00	微信搜索"唯一艺术平台"	《萌芽熊冬雪季系列》	以盲盒形式限量发售：数量、价格未知	
湖北省博物馆	2021年10月29日 12:00	支付宝小程序	《越王勾践剑》	10000份	单价19.9元
杭州2022年第19届亚运会	2021年9月16日	支付宝搜索"亚运火炬"	杭州亚运会火炬"薪火"同款3D版数字火炬	20000份	单价39.9元

为什么这么多企业要推出数字藏品？它与元宇宙的关系是什么？具体的价值是什么？具体该如何操作？我们有太多太多的疑问，我们往下寻找答案。

4.5.1 数字藏品助力元宇宙经济系统建立

数字藏品在区块链加密领域中主要解决以下五大问题（见图4-5），所以数字藏品彻底颠覆传统藏品行业的同时，也带来了以下推动作用：

第一，为元宇宙提供了独立性、唯一性质，让元宇宙能以更加开放、信任的形式存在；

第二，数字藏品已经应用到各行各业，可称为元宇宙中的数字资产与现实世界的连接桥梁；

第三，元宇宙的数字资产最大的问题就是确权、定价、流转、溯源，数字藏品的存在这些问题将不复存在，称为元宇宙数字资产运行的基础支撑。

第四，元宇宙经济系统的建立会随着数字藏品行业发展的成熟越发成熟。

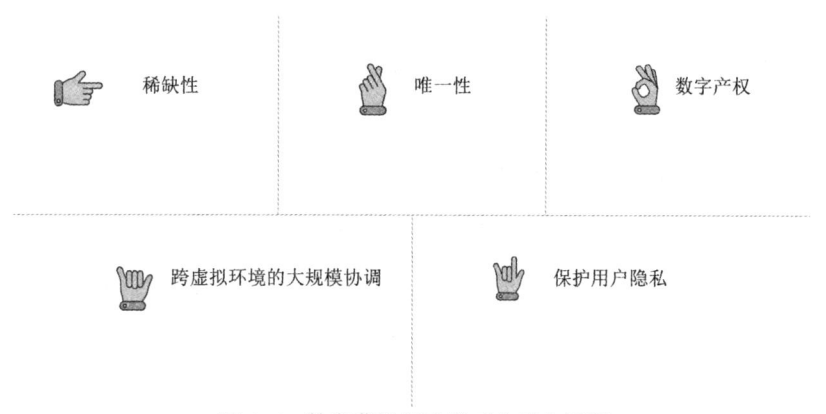

图 4-5　数字藏品解决的五大痛点问题

4.5.2 数字藏品 VS 传统藏品

数字藏品在藏品行业越来越受欢迎，因为它具备以下优势（见表 4-4）。

表4-4 传统藏品与数字藏品的区别

传统藏品	数字藏品
可限量但有可能被复制量产	限量发售不可复制
复制门槛低,不具备独特性	区块链唯一标识,具备唯一性
造假泛滥,普通用户难以分辨真假	有区块链权属证明

4.5.3 数字藏品帮助品牌打造元宇宙

越来越多的品牌想打造元宇宙,但对于这个新兴事物,业内专家尚在摸索阶段,品牌方就更难了解了,所以对于一个陌生的事物,品牌们就应该找一个最现实、简单、却又有效的方式进入,数字藏品无疑就是这把帮助品牌方打开元宇宙大门的钥匙。那具体该如何操作呢?不妨参考以下两点:

第一,品牌IP化。这和产品具备实用性不同,用户为什么要购买不具备实用性的数字藏品?肯定是和收藏行业一样"具有经济价值"或者"是用户的心头好"。一个普通品牌的数字藏品是不具备这两项特质的,因而需要先让品牌IP化,让其具备足够大的影响力。IP越好的品牌,越容易做出收藏品。

第二,打造品牌文化。为什么迪士尼的产品、热门动画的手办总是那么受欢迎?因为它们有品牌文化做支撑。比如可口可乐,它的每件数字藏品都和可口可乐的历史、文化息息相关。友谊卡依据的是20世纪40年代的可口可乐游戏卡,复古冰箱则是根据1956年老式自动售货机的设计。所有,品牌只要打造出自己的文化印记符号,让数字藏品体现文化历史的传承,数字藏品才能得到用户的认可。

4.6　地产：一块虚拟土地卖出2700万元

炙手可热的元宇宙概念已经蔓延至各行各业，房地产行业尤为火爆，不管是投资公司、房产巨头，还是个人投资者，纷纷在Sandbox、Decentraland等虚拟世界中抢购地皮。其中有一块地皮更是拍卖出了天价——2700万元，完全不输现实世界的地皮价格。

有数据统计表明，2021年11月22日至28日，短短一个星期的时间，四个主要的元宇宙房地产交易平台的总交易额接近6.7亿元人民币。元宇宙房地产成交纪录也在不断被打破，虚拟地产开发商Republic Realm已经在19个不同的元宇宙平台上拥有大约2500块虚拟土地资产。

那么到底什么是元宇宙房地产呢？房地产，在现实世界中，指的是由土地和建筑组成的财产，这是一个长期蓬勃的市场，环境越稳定、经济越上行、人口越多，房地产行业就越火爆。元宇宙房地产其实与现实世界的房地产类似，也是供用户创建、投资、租赁、销售等，地理位置和配套设施也是区别元宇宙地产价格高低的因素，不过与现实世界的房地产不同的是，元宇宙房地产不受土地资源限制，可以无限制开发。

当现实中的房地产热渐渐消退后，在众人还未来得及反应时，房地产又在元宇宙中热起来了。虚拟世界的房地产不同于现实中的房地产，为什么会吸引这么多人投资呢？

4.6.1 投资价值催生元宇宙房地产

不管是哪个行业，只有看得见的利益才能吸引人，元宇宙房地产之所以如此火爆，也正是因为具备极大的投资价值，就和现实中的房地产一样，它可以为投资们获得极大的未来收益。为什么说元宇宙房地产具备投资价值呢？首先我们要知道什么才是投资价值，它有两个明显的特点（见图4-6）。

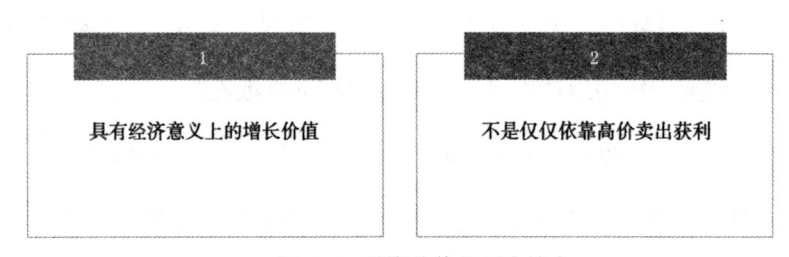

1	2
具有经济意义上的增长价值	不是仅仅依靠高价卖出获利

图4-6 投资价值的两个特点

元宇宙房地产显然符合这两个特点：随着元宇宙地产的火爆，会有越来越多的玩家加入，而第一批元宇宙地产的房价肯定也会增高。此外，对于购房者来说，高价转让并不是它们投资元宇宙房地产的初衷，而是元宇宙中的其他附加价值。

2021年12月9日，香港地产大亨郑志刚在The Sandbox中花费3200万元人民币购入一块数字地皮，他表示将用这块地皮打造成一个"创新中心"，用于展示大湾区的相关商业情况。这个创新中心将引入 10 家特色公司，包括诊断及基因检测开发商 Prenetics、物流业独角兽 Lalamove、科技配件品牌 Casetify 等。

从郑志刚对这个"创新中心"的布局来看，他并不是想借此"炒房地产获利"，而是希望通过这个房产来发展元宇宙，从元宇宙这个概念中获利。

4.6.2 元宇宙地产的发展史

其实，对于地产行业来说，它其实很早就接触了元宇宙，大致分成了三个阶段：

阶段一：人工智能家居。在家可以一键控制空调、地暖、窗帘、电视，无须再为找各种遥控器而烦恼。即使出门在外，也可以远程控制家中的一切电器。

阶段二：VR 看房。借助 VR 相机和三维场景构建算法的一种空间浏览形式，简单地说，就是通过线上 VR 看房，客户不用亲临现场就可以真实地看到房屋的三维结构、户型朝向、装修内饰。

阶段三：元宇宙地产。前两个阶段只是房地产进入元宇宙世界的一个小台阶，当下的元宇宙地产，除了各方投资者开始入局，已经出现了虚拟地产专业投资和资产管理机构——Metaverse REIT。这是世界首个专注投资和管理虚拟世界地产的基金，能提供与现实房地产类似的专业服务，不仅可以帮助客户买卖地产，也可以帮助其开发建设管理，甚至是招租户承租。

不过虽然当下的元宇宙地产非常火爆，但相关机制还未成熟，需要进一步发展完善，如此，元宇宙房地产才能和现实世界的地产一样，成为一个能持续发展的行业。

4.6.3 元宇宙房产如何估价

2021年6月18日，数字房地产开发商 Republic Realm 以 129.5 万枚 MANA（约 91.3 万美元）在 Decentraland 上购买了 259 块数字地皮，即 66,304 虚拟平方米。估值与纽约布鲁克林区现实房价相当；

2021年8月16日，Boson Protocol 以 450 万元价格购入一块土地；

2021年11月23日，Decentraland 的一个时尚步行街区块以折合人民币 1548.8 万元的价格成交。

这一系列数据让我们不禁产生疑问，是什么支撑起了元宇宙地产的交易市场价格？其虚拟土地的估值甚至能与一线城市价格相比拟，它是如何估值的？

虽然元宇宙地产现在很热，但尚未出现持牌的估价师，也不能和现实的房地产行业一样，有各种估值的依据，虽然地理位置、配套设施也同样影响价格，但具体该如何判断呢？我们可以试着往以下几个方向思考：

方向一：功能。土地是元宇宙中各种应用常见的载体，所以，其功能越丰富，估值势必越高。因为企业总部、豪华别墅、展厅画廊、餐厅娱乐、主题公园等各式各样的业态场景建设都需要土地作为载体。比如世界顶级拍卖行苏富比在Decentraland购买土地，是为了建造虚拟画廊。

方向二：稀缺。元宇宙土地虽然可以复制，是可再生资源，但是它的稀缺性也同样能影响价格。其主要体现在两个方面：一是数量稀缺性，开发平台可以通过设计使元宇宙土地的数量呈现稀缺性，比如可以选择永不增加土地数量；二是属性稀缺性，是指可以通过设计土地的结构、形状、面积、可建筑类型来保证土地的稀缺性。

方向三：环境。和现实世界一样，越是一线城市，地产价格就越高，这一点在元宇宙地产中一样适用，所处环境越好价格越高。

方向四：配套。为什么同样是一线城市，有些土地价格较高，有些比较便宜。就像北京二环和六环的房价相差甚大？是因为配套设施不同，二环内的房子不管是在交通上、周边医疗资源、教育资源、娱乐资源都比六环好。

方向五：人口。房子存在的目的是让人来使用的，因此人口越多的地方，房子也就越贵，更为重要的是，人越多，能产生的其他经济价值就越多。这在元宇宙地产中也是一样的道理，元宇宙玩家聚集的地方越多，地产价格就越高。

方向六：平台。元宇宙不是唯一一个，各个企业都在开发元宇宙。不同的元宇宙，就是不同的世界，这就相当于现实世界中的不同国家或城市。这些国家或城市，经济水平不同，未来发展潜力不同，土地价格自然也就不同。因此在评价元宇宙土地价格时，要考虑该平台的规则制度、管理团队水平、平台用户数量及增长率、品牌入驻率等因素。

4.7 办公：实现打工人的工作自由

自新冠疫情暴发以来，居家办公已经成为全球大部分企业的必选项，但是，虽然互联网发达，居家办公、线上会议的效率却还是远远不如线下。为此，各大企业都苦恼不已。其实，排除疫情原因，居家办公也将慢慢成为常态，因为现代人更希望自己能自由地工作，而不是被局限在某个地方，而居家办公也能帮助企业节省不少成本。但是，这个常态需要建立在"科技进步"上，可是这个新技术一直都未出现，"打工人"和"企业"的愿望仍然未实现，直到"元宇宙"的出现。

2021年3月，元宇宙办公平台"GATHER"完成A轮融资，融资额为2600万美元；2021年11月，又获得5000万美元的B轮融资。Gather是一个线上虚拟办公平台，能使用户与工作伙伴自行创建一个专属的2D私人办公室，也可在平台上自己搭建地图，包括社交场合、会议室、教室等。用户在平台上建立一个角色后，就可通过这个角色与办公室的其他人进行互动。

具备这些功能并不是Gather吸引这么多投资者的原因，而是因为除了上述的功能外，用户还可以在平台上建立活动，如访谈、研讨会或是工作室，甚至打造出一个虚拟游乐园、博物馆、密室逃脱空间。Gather 创办人 Phillip Wang 还表示将通过一个开放的标准，与其他元宇宙开发者平台形成互动交流，并不是只打造属于自己的元宇宙。

也就是说，比起视频会议、线上会议更加先进的"元宇宙办公"才是这些投资人投资的目的。

其实不仅是 Gather，改名为 Meta 的 Facebook，不久前对外发布了远程办公软件 Horizon Workrooms，平台为用户提供了 VR 环境，让其可随时举行会议，并通过 Oculus Quest 头盔体验、空间音频和手部追踪等功能，让人们更真切地感受到处于真实的物理房间内。

2021 年 12 月 10 日，百度宣布将发布元宇宙产品"希壤"，而本届的百度 AI 开发者大会将在该 APP 中举办，这是国内首次在元宇宙产品中举办的大会，可让 10 万人在线同屏互动。

由此可见，元宇宙已经正式进军办公领域，不久后，"无限制办公"就能全面实现。那"元宇宙办公"具体是什么情况呢？

4.7.1 云桌面解决移动和协同问题

试想一下，当你成为元宇宙的一员后，处在一个巨大的、沉浸式的、上亿人同时参与的新世界中，然后现实中的你在家中吃着早餐，但元宇宙中的你已经坐在了明亮宽敞的会议室，与来自全球的同事们一起工作，又或者现实中的你坐在街边的咖啡店安静地品尝咖啡，元宇宙中的你已经在工位上忙碌起来了，接收着来自上司、同事、客户发来的各种信息。

这就是人们对元宇宙办公场景的美好想象。

但是这个美好想象想变成现实，需要移动和协同的支持。"移动"支持用户不受到时间、地点的限制可以随时进入元宇宙世界中办公，"协同"则是支持所有参与的用户能同步看到元宇宙中的信息。这两项技术直接决定了元宇宙办公体验的好坏，也决定了元宇宙办公被用户接受的下限。但是如何实现移动和协同呢？"云桌面"可以解决这个问题。它有以下优势：

第一，实时性。云桌面以 VDI/VOI 等桌面虚拟技术为基础，让用户可以随时随地获取信息，不管是出差还是在家中，都可以实现"无限制办公"。

第二，安全性。大多数人都把办公软件和数据储存在传统 PC 端中，一旦出现问题，就难以实现大面积远程办公。云桌面可以实时储存大体量数据，保证安全性的同时，可随时随地接入桌面和数据。

4.7.2 VR 设备解决沉浸感问题

有人说，如果出现突发情况可以开远程会议，何须再研究什么元宇宙会议呢？可是当下的远程会议存在两个问题（见图 4-7），这直接影响了会议的整体效果，严重者甚至变成无效会议。

● 元宇宙未来应用

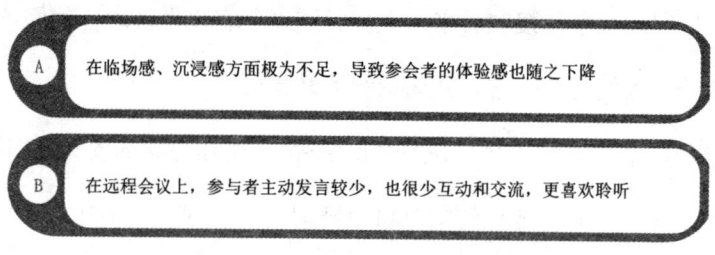

A 在临场感、沉浸感方面极为不足，导致参会者的体验感也随之下降

B 在远程会议上，参与者主动发言较少，也很少互动和交流，更喜欢聆听

图 4-7　远程会议存在的两种问题

　　而元宇宙会议则可以充分弥补远程会议的不足，在元宇宙技术的支持下，虚拟现实与远程会议有了天然的结合点，人们可以通过元宇宙的化身，利用元宇宙中的技术来传递自己的身体语言和微表情信息，或是通过佩戴 AR/VR 等设备，使自己更加沉浸在会议中，与同事有效互动，与客户实时沟通和建立业务，宛如在真实的办公场景中。

　　2021 年，微软在 Ignite 会议上宣布将推出 Mesh for Microsoft Teams 软件，该软件将微软的混合现实平台 Mesh 融入视频会议工具 Teams 中，让处于不同空间的用户可以随时加入写作和共享全息体验，实现加入虚拟会议、发送聊天、协作处理共享文件等功能。不过，其创始人盖茨指出，当下元宇宙尚处于萌芽阶段，元宇宙办公要想完全落地，必须配备 VR/AR 设备，才能准确地捕捉表情、肢体语言和声音质量。

4.8 电商：打造虚拟经济新零售

"元宇宙"是2021年最火的一个概念，一路从科技圈火到了艺术圈、地产圈，现在，又受到了电商圈的青睐。作为电商巨头的阿里巴巴，更不可能忽视这个"新事物"，在达摩院中成立了XR实验室，专门研究元宇宙的相关技术，以期让它为2016年成立的BUY+购物计划赋能。

阿里巴巴将分为四个层级来实现这个计划（见表4-5）。

表4-5　阿里巴巴元宇宙搭建计划

层级	目的	应用
全息构建	在虚拟世界中打造模型，在终端硬件上显示	XR实验室与天猫合作构建全息店铺
全息仿真	在虚拟世界中模拟现实世界动态	如VR游戏，尚在开发中
虚实融合	将虚拟世界的信息叠加到真实世界	XR实验室与松美术馆合作搭建AR艺术展
虚实联动	让虚拟世界的行为在现实世界中得到反馈	XR实验室研发出苹果采摘机器人

元宇宙计划搭建完成后，不仅是阿里巴巴的电商平台，其他电商平台也可以直接入驻元宇宙，在虚拟世界里建立自己的交易平台商城，未来阿里巴巴的"双十一"和京东的618，也能在元宇宙的世界中同步联动。

2021年4月,天猫上线3D天猫家装城板块,可以将其看作元宇宙的某种初级形态。阿里巴巴研发了一套3D设计工具,供商家免费使用。如此,商家就可在平台上搭建自己的3D购物空间,用户可体验"云逛家居城"的服务。

不仅是阿里巴巴,其他电商也在开发自己的元宇宙世界,相信在不久后,在"元宇宙"这个新的交互式环境中,电商也将产生翻天覆地的改变。

4.8.1 打破增量桎梏,提供真实体验

为什么元宇宙在电商方面可以得到如此的重视?因为它能解决当下电商最大的两个痛点:

一是打破用户增长桎梏。电商行业已经饱和,电商企业们很难再获得新的用户,甚至因为电商长期无法解决的一些体验感、信任度问题,还在不断流失用户。所以,它们之间只能互相抢用户。但是元宇宙却可以为电商再创造一个蓝海,给电商企业们提供更广泛的触达用户的渠道。

第二,给用户带来真实体验感。"用户消费体验感不足"。最初用户在线上购物,基本就是刷刷平台,浏览详情页,之后出现了视频展示,最后又有了直播带货的形式。但不管在哪个阶段,用户浏览的产品都是以图片或视频的形式展现,缺乏真实的体验感。但是元宇宙的AR、VR、MR等新技术可以让用户获得视听以及触觉等多感官交互的体验,获得如传统线

下购物的真实体验感。比如可以在元宇宙构建的百货大楼中逛街，通过虚拟人试穿和触摸产品。

4.8.2 元宇宙电商的三种实现方式

既然各大电商平台已经开始进入元宇宙，那么现在都已经有哪些成果呢？在电商行业，具体的实现方式主要有以下三种：

实现一：虚拟直播间。电商最大的痛点就是用户无法真实触摸到产品，所以不仅消费体验感变差，也导致信任度下降。而元宇宙的相关技术可以打造出 XR 扩展现实技术，打造虚拟直播间。在虚拟直播间内，无论是虚拟三维动画，还是家装、工厂等其他外景都可以一键切换，模拟各种直播销售所需要的场景。

产品可在直播间 360 度展示各种卖点信息，与用户实时互动，提升用户信任感和购买欲望。比如主播要介绍一款球鞋，就可以召唤出产品的虚拟模型，然后将背景切换到运动场上，让用户在沉浸式的体验中直观感受到产品的魅力。

实现二：虚拟主播。2021 年 10 月 31 日，一名叫"柳夜熙"的抖音博主发布了一条视频，一夜之间涨粉两百万，但让人惊讶的是，这个博主并不是"真人"，而是一个虚拟人，主页信息栏里赫然写着："一名会捉妖的虚拟美妆达人"，而它的文案上则有着"元宇宙""虚拟偶像"的标签。

其实早在柳夜熙之前，小红书上的一位超写实数字人（Metahuman）

AYAYI 就曾凭借一张"神颜照"积累了大量粉丝，在 AYAYI 之前的 18 个月里，全球共有 51 位虚拟人出现在社交网络上。可以说，虚拟人已经出现在各行各业中。但是柳夜熙比他们更自然生动，画面更加精致。

此外，我们更要注意它文案中的另一个标签"美妆"，也就是说柳夜熙的品牌定位是"电商带货"，而事实也证明了"柳夜熙带货"的效果非常不错。已经与美妆博主推出了柳夜熙的仿妆视频，且点赞效果惊人。

而美妆的切入点，已经带来了衍生效应，有美妆博主已经推出了仿装视频，同样收到过万点赞。

从柳夜熙这个案例中，我们可以发现元宇宙确实正在"入侵"电商行业，而比起传统的电商博主，它们有三个优势：

第一，从外形上与真人无异，但经过精心设计的人设、穿搭风格和调性，更能吸引灾二次元文化熏陶下成长的年轻消费者。

第二，只要 IP 立住了，背后的人可随时更换。如果是打造一个真人主播，随时可能发生"翻车"，相比而言，安全性更高。

第三，电商主播的人气越高，与企业之间的关系就会越紧张，甚至转投竞争对手企业。而企业能掌控虚拟主播的管理权，杜绝了此类事件的发生，保证了商业合作上的稳固性。

实现三：虚拟商店。如果说所有的东西都可以在电商上买到，那为什么世界各地的百货商店还在开？就是因为用户无法在线上购物体验到"逛商场"的乐趣。而元宇宙则可以彻底解决这个问题，并为用户带来更多元的购物体验。比如在元宇宙世界里，搭建百货商店让用户获得线下逛街的真实感；设计虚拟模特举办时装秀，让用户感受到大秀现场的氛围；让用户通过自己的虚拟人试穿，现场评估服饰的合适度……

其实，这一点不只是电商，各大零售商也早在探索。比如经典奢侈品牌 Balmain 就在 2020 年 6 月 15 日推出了收割线上陈列室，让用户可以自行探访不同区域及产品，同时让虚拟模特 360 度展示动、静状态下的早春度假系列服装。

4.9 医疗：提升医学技术，提高生命长度

有人提出："万物皆可元宇宙"，事实真是如此吗？它到底是一种割韭菜的伪概念，还是下一场科技革新呢？其实，我们可以从医疗行业去验证这个答案，因为元宇宙这把火也已经烧到了这个行业，就在各个行业还在讨论元宇宙到底是伪概念还是新科技时，医疗行业对元宇宙早就有了实际应用。

元宇宙不可或缺的技术，除了底层的基础建设之外，还有 XR。而早在十年前，我国就已经出现运用 AR 技术为患者做动脉瘤手术的论文，截至今天，XR 技术已经在超过 15000 台手中使用过。而随着元宇宙的诞生，越来越多的企业也投入到元宇宙医疗领域。

比如总部位于美国波士顿的医疗公司 XRHealth 在 2021 年 6 月完成了由 Discount Tech 投资的 900 万美元新一轮融资。该公司前身为扩展现实与康复治疗应用程序提供商，是首家成立为患者提供 VR 治疗的 VR 远程医疗呈现。XRHealth 使用虚拟技术，通过沉浸式的体验，让患者在家中就能完成正确有效的康复训练。

无论 XR 的实际应用情况，还是各大投资人对元宇宙医疗企业的投资，

都可以证明元宇宙在医疗行业，不管是先天还是后天都有着优势。接下来，我们将进一步了解元宇宙医疗的具体情况。

4.9.1 麻醉镇痛

在美国，平均每天有 130 人因为摄入过量的阿片类镇痛药而死亡，这一直是医疗行业的痛，VR 在这种情况下开辟了新局面。美国 Pain Consultants of East Tennessee Clinic 对 30 名慢性疼痛患者身上使用了 Firsthand Technology 公司的 VR 体验，使用结果表明："使用 VR 体验中能够比使用 VR 体验前减轻 66% 的疼痛感，使用后减轻 33%。"这个实验结果让人极为震惊，因为即使玛咖缓解疼痛的效果也才 30%。

4.9.2 神经科学

纽约有一家游戏制作公司 Statespace 筹集了 9800 万美元，将医疗健康与游戏融合到了一起。该公司认为游戏与人的神经系统有着高度的联系，可以通过游戏来治疗神经方面的问题。如今，该公司已经与西奈山医院就脑瘫进行合作与研究，与印第安纳大学和特拉华大学合作开发脑震荡应用程序，以及与神经技术初创公司 Kernel 合作，扩大研究中风康复的商业应用。

4.9.3 术前模拟

人体复杂的结构一直是手术中的难题，而 Surgical Theatre 成功开发出了 360° XR 可视化技术，让整个难题得到了解决。该技术可以为病患及外科医生提供沉浸式的、由内而外的患者解剖结构视图，让他们能够看到人体体内位置。该技术已经有了现实成功案例。2021 年，以色列医生通过 Surgical Theatre 的 VR 模型，找到了一对一岁大的连体双胞胎的血管、脑膜、颅骨和皮肤连接处，成功完成了双胞胎的头部分离手术。

4.9.4 医疗培训

医学行业培养医学生，都是通过一个个真实案例来积累经验、提高专业度，这需要花费极大的时间和成本，且存在不可用因素。但是，现在则可以通过元宇宙中的混合现实技术去创造沉浸式的医患体验，给学生提供优质的虚拟学习环境。在这个环境中，医学生可以充分了解从解剖结构到外科手术的所有内容，让学生能在安全的环境下进行临床练习，在积累经验的同时又保证了手术的安全性。

凯斯西大学就是用混合现实课程来培训课程的领先者之一。他们发现，让学生体验虚拟教学解剖课，学生留堂率提高了 50%，临床医学课程时间减少 40%。这不仅提高了学生的上课积极性，也提高了学生的理解能力，让临床医学的教学效率得到了提升。

4.9.5 医患沟通

"望闻问切"是医疗纲要之一,但是在实际医疗过程中却很难做到。因为医者不能亲身体验所有疾病,所以当病人诉说自己的病症和感受时,医者不一定能准确接收到信息。同时,患者不是专业人士,或因受个人教育程度所限,也不能准确表述自己的病症,这更加大了医者"对症下药"的难度。此外,当医者表达诊疗意见,提出配合要求时,患者不一定能全部理解,进而准确有效地执行。这种情况对提高病症治愈概率有着极大的负面影响。

但是元宇宙的到来,让医疗行业有了解决这一难题的希望。微软将元宇宙的全息沟通应用到了医患沟通上。全息沟通是指把混合现实运用于医患沟通环境上,医生和患者同时戴上 MR 头显后,就可通过 3D 全息进行沟通。其主要应用于两个方面(见图 4-8)。

使用HoloLens和患者沟通术前计划,帮助医者准确了解患者情况,提高手术成功率

从CT MRI中提取图像,重建新结构并且可以和老结构进行对比,让患者了解治愈后的情形,提高手术信心

图 4-8　全息沟通的两个主要应用方面

4.10　金融：银行数字化的大航海时代

如果元宇宙就是人类未来的社会形势，那么它将从哪些方面影响人类的生活？前文我们已经举了各式各样的例子，但毋庸置疑的是，元宇宙必然有自己的一套金融体系。当下，就已经涌入了不少元宇宙金融平台，其中有不少表现绝佳者，比如 LARIX。

LARIX 是一站式元宇宙金融服务平台，是 Solana 公链的头部借贷项目之一，也是 Solana 生态上提出元宇宙金融服务平台概念的先行者，涵盖 NFT 抵押借贷、GameFi 资产租赁拍卖、虚拟土地资产贷款与众筹等业务，支持 BTC\ETH\USDT 等主流币的抵押借贷。

不仅是 LARIX，还有许多企业正在进入元宇宙金融行业，在其中扮演着各种各样的角色。Kookmin 等韩国银行在元宇宙环境中开设了分行，客户可在虚拟金融上随意行走，并通过视频通话与现实生活中的客服进行交流，同时虚拟分行也为员工提供远程办公中心。元宇宙对金融的影响越来越大，那么元宇宙金融的世界里到底是什么情况？

4.10.1 元宇宙改变银行业务

元宇宙进入金融行业后，首先改变的就是银行：

第一，一键体验金融产品。现实中办理银行业务，需要输入姓名、手机号、身份证、验证码、密码……一大堆个人信息，程序非常烦琐，但这也是不得已而为之，因为需要保证安全性。但在元宇宙中，可以通过硬件芯片进行身份验证，比如VR眼镜、元宇宙传感设备中的安全芯片，把身份和账户信息储存在芯片中并与元宇宙建立理解，就能够在保证安全的前提下一键体验金融产品。

第二，实时创造金融产品。在现实世界中，金融产品因为涉及的利益巨大，需要经过长期调查、设计、调整、验证，最后才能推入市场，因此金融产品的种类有限。但在元宇宙世界里，金融产品有按需实、场景实时拼装制造的数字原生能力，可以根据用户需求随时制定金融产品。不过这对平台能力要求较高，需要强大的模块化、组件化的元宇宙业务中台、云计算能力、高AI智能程度。

第三，区块链、数字货币成主流。在元宇宙中，区块链、数字货币具备先天优势，因为其数字化可以更好地连接虚拟产业链。数字货币具备的加密特性、可编程特性、可回溯特性，在结合元宇宙中的各种元素后，其创新程度远高于纸币与电子现金。

第四，营销方式全面升级。在以往，银行客户经理做业务只能给客户打电话，或是上门介绍产品，又或是推出各种优惠活动来吸引客户。但是在元宇宙中，银行的营销方式可以全面升级。银行客户经理可以像玩游戏一样和客户互动，甚至陪客户去墨西哥海边看夕阳，去登顶珠穆朗玛峰，彼此间就和朋友一样，而朋友间关系的信任度远高于买卖双方的关系。

4.10.2 数字资产是构建元宇宙金融的核心

元宇宙金融平台是否能得到持续性发展，而不是成为一个"噱头"，就要看其对数字资产的构建，只要具备了以下特质的数字资产才能支撑元宇宙金融平台的运转，具体情况如下：

第一，流通性。资产所代表的产权属性，是资产可以交易的前提。比如我们在游戏《王者荣耀》中买皮肤，皮肤的产权属于腾讯，用户想要得到皮肤就要向腾讯支付金钱购买。但是这个资产只在《王者荣耀》中有价值，离开该平台，就不具备任何意义，在该平台创造的资产，只能在该平台流通。也就说说，不同平台的虚拟产品没有通用性，因此不能构成严格意义上的数字资产。因此，元宇宙金融想要打造成功，首先就要保证数字资产在元宇宙中的流通性。

第二，安全性。元宇宙中的数字资产如何得到别人的认可？这就要确保数字资产的安全性，而这则需要 NET 来完成。NET 是指非同质化代币，通常是指开发者在以太坊平台上根据 ERC721 标准/协议所发行的代币，它的主要特征是唯一可标识、可溯性、稀缺性、不可分割。由于这四大特性，NFT 成了数字资产的身份证，可证明数字资产的唯一归属权。

4.10.3 支付与元宇宙的关系

美国风险投资家,同时也是元宇宙资深研究专家马修·鲍尔将元宇宙金融体系中的支付定义为:"对数字支付流程、平台和操作的支持,其中包括法币与数字货币的兑换,诸如比特币和包括以太坊在内的币币交易金融服务,以及其他区块链技术。"

如何在元宇宙金融体系完成支付?我们应先理解现实世界与元宇宙支付系统的基本逻辑(见表4-6)。

表4-6 现实世界与元宇宙世界的支付逻辑

逻辑要素	现实世界支付	元宇宙支付
账号识别	在现实世界中,用户需要创造一个支付账号,然后以卡、手机为载体,以包括密码、生物信息等识别方式登录	在元宇宙中,也需要创建一个支付账号,找到一个承载支付的载体,如戴有SE安全芯片的VR眼镜,其识别可以通过NET技术来完成
产品确定	在现实中,支付购买产品,这个产品是以实物存在的,且用户只会支付与产品等额的价值	在元宇宙中,产品变成虚拟,但如果不能保证唯一性,则无法保证产品价值
信息共识	在现实中,有银行、支付宝、微信等平台担任对交易信息产生共识的角色,以保证交易双方的交易信息安全性	在元宇宙中,可以通过区块链完成这个操作

由表4-6中现实世界与元宇宙世界的支付逻辑的对比我们可以得出一个答案:"得账户者得天下,不管在现实世界还是元宇宙世界,只要创建一个具备唯一性、安全性、通用性的账号,就能够在两个世界中的金融体系完成支付"。

怎样打造元宇宙金融支付系统？其实在元宇宙这个概念没出来之前，我国就在VR场景支持上进行了一些尝试。

2016年，支付宝推出VRpaly，用户可在移动VR平台或是VRAPP上用支付宝购买产品。但从本质上来说，则仍是基于支付宝账户体系的网络支付，与元宇宙金融支付系统还有相当大的差异。

第五章 技术：
核心技术构建元宇宙全生态

元宇宙是一个过程，就像是一个产业长期的演进趋势，它并不是一开始就是以某种固定化的形式存在的。与其说元宇宙是下一代的互联网，不如说它是一个包含多种技术的生态环境。它由这些技术构成，而元宇宙生态的每一次完善，也是基于核心技术的每一次更新与迭代。

5.1 用人机交互技术打造元宇宙沉浸式体验感

2021年，无疑是元宇宙元年，随着热度不断攀升，元宇宙的影响力逐渐加大，2021年12月19日，湖南卫视王牌节目《天天向上》，将"元宇宙"作为该期的主题。节目中，主持人与嘉宾戴上了VR眼镜，体验了有关元宇宙的沉浸式的奇幻历险，中国数字交互展示代表张玉树也对此发表了精彩观点，他认为："元宇宙需要打通线上线下的次元壁，沉浸式一定是元宇宙在未来发展过程中需要解决的基础体验。"

由此可见，"沉浸感"是元宇宙的重要表现方式，也是其最典型的标签。元宇宙能否打造成功，就看其是否能够给予用户能替代现实世界的"沉浸感"。就当下的技术发展来说，只有人机交互技术能做到，比如《天天向上》中主持人和嘉宾佩戴的VR眼镜就属于人机交互技术范畴。

人机交互技术是指通过计算机输入、输出设备，以有效的方式实现人与计算机对话的技术，其包括机器通过输出或显示设备给人提供信息，人通过输入设备给机器输入信息。

5.1.1 人机交互技术发展历程

人机交互的发展历史，可以分为以下几个阶段（见表 5-1）。

表5-1　人机交互计算历史发展情况

阶段	技术	代表
第一阶段	手工作业	打孔纸条
第二阶段	交互命令语言	编程语言计算机操控
第三阶段	图形用户界面	Windows操作系统
第四阶段	混合现实（XR）	VR、AR、MR

从当下对元宇宙的应用和构想来看，其所需要的技术属于人机交互技术的第四阶段。VR\AR\MR 设备是用户进入元宇宙的大门，用户只要戴上设备就能进入元宇宙这个虚拟世界。

5.1.2 人机交互技术的分类

人机交互技术根据不同的操作方式可以分为以下五类（见表 5-2）。

表5-2　人机交互的技术分类

操作方式	交互工具	具体操作	优点	缺点
传统硬件设备	鼠标、键盘	通过鼠标、键盘选中显示设备中的图形或文字进行缩放、拖拽	简单易于操作	需外部输入设备支持，交互体验不够自然，缺乏沉浸感
语音识别	语言、语音设备	通过语音设备输入语音操作智能工具	交互信息量大、效率高	容易受外界环境影响，准确度较低

续表

操作方式	交互工具	具体操作	优点	缺点
触控	手指、触摸屏	通过手指触摸或点击显示屏幕	输入更人性化、更直观简单	不适合快速输入信息、画面容易被污染导致输入困难
动作识别	人体动作、感应器	通过对动作捕捉系统获得关键部位的位置进行计算、处理，分析用户行为后将其转化为输入指令，从而实现人机交互	人机交互成本低、更符合人类自然习惯，操作方式更简单直观	对技术要求较高、使用成本高
眼球追踪	眼球、VR眼镜	通过捕获人眼在注视不同方向时眼部周围的细微变化，确定人眼的注视点后，将其转化为电信号发送给计算机，完成人机交互	提高画面清晰度，提升用户在虚拟世界的沉浸感，解放双手，实现更自然的人机交互	当下技术还未成熟、投入成本高

关于元宇宙所要应用的技术主要是眼球识别技术，以及语言识别技术，因为其他人机交互技术会让用户分出心神来思考动作行为，从而破坏用户在元宇宙中的沉浸感。

5.1.3 人机交互技术的具体应用

人机交互技术应用的行业有很多，比如智能穿戴、家居、交通、医疗，但是它在元宇宙中又是如何应用的呢？具体体现在哪儿呢？

在元宇宙领域，人机交互技术的体现载体主要是VR、AR、MR等XR

类产品，它们是用户进入元宇宙世界的大门。XR 技术有三大特性（见图 5-1）。

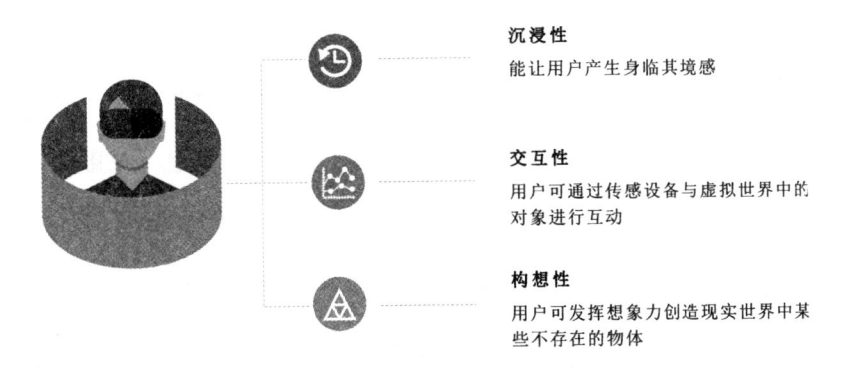

沉浸性
能让用户产生身临其境感

交互性
用户可通过传感设备与虚拟世界中的对象进行互动

构想性
用户可发挥想象力创造现实世界中某些不存在的物体

图5-1　XR技术的三大特性

AR：是指增强现实技术（Augmented Reality，简称 AR），是一种实时地计算摄影机影像的位置及角度并加上相应图像的技术，最早于 1990 年提出。它是把原本在现实中的一定时间、空间、范围内难以体验到的实体信息，通过相关技术进行模拟仿真再叠加，然后把虚拟信息叠加到真实世界中，在展示真实世界的同时，又将虚拟的信息显示出来，两种信息相互补充、叠加，让用户获得超越现实的感官体验。比如用户戴着 AR 眼镜，当他看到真实世界中的一家餐厅时，眼镜会马上显示这家餐厅的特点、价格等信息。

VR：又称"灵境技术""虚拟环境""赛伯空间"（Virtual Reality，简称 VR），是一种综合应用计算机图形学、人机接口技术、传感器技术、人工智能技术，打造接近真实的人工模拟环境，并能有效模仿人在自然环境中的各种行为的人机交互技术。其设备至少包括一个屏幕（现实虚拟世界)、一组传感器(感知用户旋转角度)、一组计算组件(收集传感器数据,决定屏幕现实的内容的三维角度)。VR 技术应用最多的就是游戏领域。

MR:是指混合现实技术,(Mixed Reality,简称 MR)。它是虚拟现实技术的进一步发展,通过在虚拟环境中引入现实场景信息,在虚拟、现实两个世界中和用户搭建起一个能够交互的路径,增强用户体验真实感。它是 VR 和 AR 的一种结合。通过 MR 技术,用户既可以看到真实世界(AR 的特点),同时也会看到虚拟的物体(VR 的特点)。MR 可以实现虚拟与现实之间的自由切换,既能在虚拟中保留现实,也能将现实转化为虚拟。

5.1.4 人机交互技术的未来发展

当下的元宇宙尚处于萌芽当中,成长的前提是人机交互技术的成长,未来,人机交互技术只有呈现出以下特点,才能推动元宇宙的发展。

第一,大结合。是指某款人机交互技术产品能结合语音识别、动作识别、眼球追踪等各种交互形式,让产品的识别结果更加准确、高效。

第二,大智能。是指人机交互能够更加智能化,让人机互动变得像人与人互动一样自然、流畅。

第三,大普及。是指人机交互设备的兼容性提高,制作工艺变得简洁,制作成本降低,人机交互产品实现大普及,人人买得起、人人用得起,最后变成和手机一样成为人们生活的必需品。

5.2 网络计算技术实现低延迟

"计算"这词语在不同时代有不同的意思,通常情况下我们会将它和数学联系起来。但自从计算机技术诞生后,"计算"这词语已经与"网络计算"绑在了一起,比起数据计算,有着更深的内涵、更大的作用、更高的熟知度。

网络计算是当前高能计算与人工智能领域的前沿课题,它的出现有效地解决了 AI 与 HPC 应用中的集合通信和点对点的瓶颈问题,让数据中心的可扩展性得到了进一步提升。它通过网卡、交换机等网络设备,配合数据传输进行数据在线计算,以降低通信延迟,提升整体计算效率。

"低延迟"是搭建元宇宙的必备元素之一,因为元宇宙是一个大型在线交互平台,它具备以下特点:

一是用户访问量庞大,上亿级用户量是元宇宙的基本;

二是数据实时更新,元宇宙让用户不受时间、空间的限制进入元宇宙平台;

三是随时切换,要保证现实世界与虚拟世界两个世界时间同步、数据同步,以实现用户在虚拟世界与现实世界的自由切换。

但是元宇宙的低延迟是一般的网络计算技术无法达到的，它比起传统的互联网产品要求更高、更快、更大的计算技术。因此，元宇宙的概念早就出现却无法落地，直到 5G、元计算、边缘计算等代表更高级的网络计算的出现。

5.2.1 网络计算技术一：5G 网络

什么是 5G，我们在前文已经有过叙述。它能够解决网络通信问题，可以降低用户数据限制。

在 5G 之前，我们经历了 4G、3G、2G 时代，每一代通信标准的升级，都是为了用更高的效率传递更多的数据信息，5G 也是如此。因此比起前几代网络，它具有三大优势（见图 5-2）。通俗地说，我们在用手机上网时，再也不会网络慢，页面缓冲慢，时不时还出现断网的问题。虽然这一直是移动通信的应用目的，但 5G 网络把这些痛点问题的满足提升到了一个前所未有的高度。

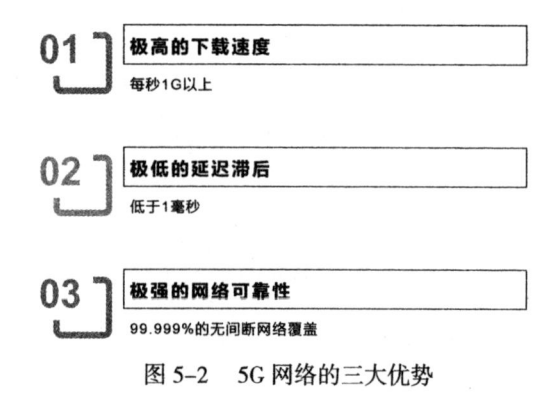

01 极高的下载速度
每秒 1G 以上

02 极低的延迟滞后
低于 1 毫秒

03 极强的网络可靠性
99.999% 的无间断网络覆盖

图 5-2　5G 网络的三大优势

5G 网络有三大切片技术，仅仅其中一项的 eBMM 技术就能够有效解决元宇宙平台面临的画质低、时延高的问题。在该技术的支持下，Gbps 级别的网络传输能够有效满足元宇宙平台的低时延、高速度、规模化的要求。

全球各大行业巨头都在开发元宇宙，各个国家把关注重点放在了元宇宙上，但上文我们见识到了 5G 网络对元宇宙平台的重要性。因此，我们可以确定哪个国家、哪个企业能够拥有 5G 网络这项先进技术，谁就有先发优势。这一点，我们中国的企业无疑具有较大的优势。

华为是 5G 科技的领先者，把其他竞争对手远远甩在了后面，且因为领先的技术，其建设 5G 的成本仅是主要对手的一半甚至更低，且性能更好。更为关键的是，国家大力支持 5G 网络建设，目前一、二线城市的重点区域均已覆盖 5G 网络。

5.2.2 网络计算技术二：云计算

云计算是通过网络"云"将巨大的数据计算处理程序分解成无数个小程序，然后通过多个服务器构成的系统进行处理和分析，得到结果后再极速反馈给用户的一种网络计算技术。云计算是几种计算的混合并升级的产物（见图 5-3）。

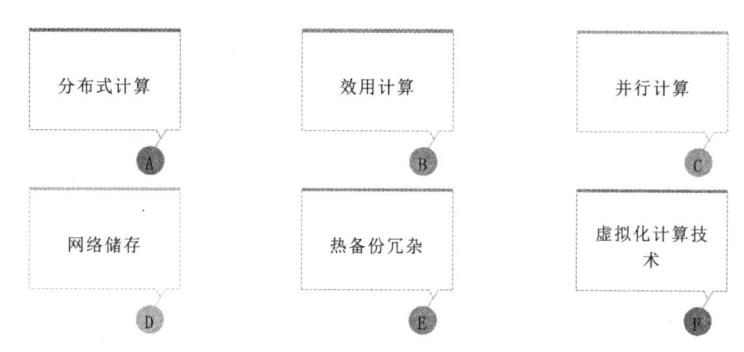

```
┌──────────┐     ┌──────────┐     ┌──────────┐
│ 分布式计算 │     │ 效用计算  │     │ 并行计算  │
└────────Ⓐ─┘     └────────Ⓑ─┘     └────────Ⓒ─┘

┌──────────┐     ┌──────────┐     ┌──────────┐
│ 网络储存  │     │ 热备份冗杂│     │虚拟化计算技│
│          │     │          │     │    术     │
└────────Ⓓ─┘     └────────Ⓔ─┘     └────────Ⓕ─┘
```

图 5-3　云计算是 6 种计算技术的混合升级

云计算的特征如下：

第一，高敏捷。让用户能快速且以较低价格获得技术架构资源。

第二，低成本。在公有云的传输模式中支持已经转变为运营成本，降低了计算技术的使用成本。

第三，无限制。云计算允许用户通过网页浏览器获取资源，并不限制用户是通过 PC 还是移动设备获取资源，只要通过互联网获取，可从任何地方连接资源。因为云计算的组件和整体构架由网络连接在一起并存在于网络中，同时通过网络向用户提供服务。所以用户就在标准应用的前提下，通过不同终端设备实现对网络的访问，从而使得云计算的服务无处不在。

第四，可扩展。云计算依据用户的需求动态划分不同的物理与虚拟资源，用户每增加一个需求，云计算就能增加一个与其相匹配的可用资源，实现资源的快速弹性提供，如果用户不再使用该资源，云计算就会释放这些资源，因而提高了网络资源利用的可扩展性。

第五，强信任。数据的集中化，让用户的数据安全性得到了前所未有的保障。

云计算的出现解决了元宇宙平台需保证多用户在线，降低时延和终端限制的痛点。因为为了保证大规模用户随时随地登录元宇宙平台，且保证海量数据的实时更新与系统低延时，以及需要一个强大的算力系统支撑，而这只有云计算技术能够支撑。

云计算的核心作用是对更多网络资源进行协调，保证用户以最低成本获得最高效用的无限算力资源，且不受时间空间的限制。因此，早在元宇宙出现之前，云计算就是各大企业的关注重心。

如阿里巴巴的阿里云游戏 Pass 平台，在云计算方面投入了极高的成本，使其能基于云服务能力为游戏玩家、游戏从业者提供一站式 Pass 服务，从而让游戏玩家实现低成本快速云化游戏，让游戏从业者快速搭建属于自己的云游戏平台。

5.2.3 网络计算技术三：边缘计算

边缘计算是云计算的进一步衍生，虽然云计算的算力足以应对当下元宇宙的需求，但现在的元宇宙处于萌芽阶段，未来元宇宙的规模将越来越大，成为一个真正意义上的"宇宙"，而此时，元宇宙也会对算力提出更高的要求。比如云计算要把所数据都传送到数据中心，由数据中心进行处理后再反馈分发，因此难免会出现网络宽带以及数据延迟问题。而边缘计算是把网络边缘上的计算、网络与存储资源组成统一的平台后再提供服务，因此保证了数据在源头就能得到及时有效的处理。所以，相比于云计算，边缘计算更符合元宇宙的未来发展需求。

具体来说，除了上述的优势，边缘计算比起云计算具有以下两点优势：

第一，资源高度集中与整合能够让云计算有较高的通用性，但是随着计算设备和数据的爆发式增强，云计算的实时性很难如原先一样得到保证。而每年由设备产生的数据，只有 10% 是关键数据，其余 90% 都属于临时数据，无须长期储存。边缘计算可以在网络边缘处理这 90% 的临时数据，降低网络宽带与数据中心压力，有效降低了设备配置效率，让各大平台能够以更低的成本打造元宇宙。

第二，云计算模式下，所有的数据与应用都需储存到数据中心，用户对数据不具备高度自主权，很容易造成数据泄露风险。比如很多家庭安装网络摄像头，但需把数据传送到运数据中心。如此，不仅占用了宽带，也会增加数据泄露风险。边缘计算针对敏感数据进行有效的保护，降低用户隐私泄露风险。在把数据传送到数据中心前，先通过近数据端的边缘节点直接对敏感数据进行分析、处理，然后隔离保护，同时边缘计算的边缘接受来自云计算中心的请求，并将处理的结果反馈给云计算中心。如此，让用户更加放心地进入元宇宙，并在元宇宙中进行各种活动。

5.3 人工智能构建虚拟世界

元宇宙是互联网的一个准后继者,在这里,每个人、每个公司都可以进行工作、社交、交易和创造。——一名硅谷知名元宇宙投资人如此表示。元宇宙成为风口,提到元宇宙,我们通常首先就想到支撑其的各种高新技术,人工智能(AI)无疑是其最重要的支撑技术之一。

5.3.1 人工智能的定义

在理解元宇宙与人工智能之间的关系前,我们先要理解它的定义。

百度百科对人工智能的定义是:英文为 Artificial Intelligence,简称 AI。它是研究、开发用于模拟、延伸和扩展人的智能的理论、方法、技术及应用系统的一门新的技术科学,是计算机科学的一种,其研究方向包括机器人、语言识别、图像识别、自然语言系统、专家系统。

著名的美国斯坦福大学人工智能研究中心尼尔逊教授是这么定义人工智能的:"人工智能是关于知识的学科——怎样表示知识以及怎样获得知识并使用知识的学科。"

美国麻省理工学院的温斯顿教授则认为:"人工智能就是研究如何使计算机去做过去只有人才能做的智能工作。"

不管各方如何定义人工智能,我们可以确定的一点是它是通过研究人类智能活动的规律来开发出具备一定智能的人工系统,将整个系统应用到各个设备上,然后去替代以往需要人类智能才能完成的工作。

这些说法反映了人工智能学科的基本思想和基本内容。即人工智能是研究人类智能活动的规律,构造具有一定智能的人工系统,研究如何让计算机去完成以往需要人的智力才能胜任的工作,也就是研究如何应用计算机的软硬件来模拟人类某些智能行为的基本理论、方法和技术。

5.3.2 人工智能的优势

人工智能被越来越多的领域应用,比如医疗行业、金融行业、自动驾驶、服务业、翻译、语音识别……它之所以能被广泛应用,是因为具有以下优势,这也是元宇宙需要人工智能技术支持的原因。

第一,提高生产效率。不管是做哪方面的工作,人类因为精力、时间、能力有限,其效率都会受到各种各样的影响。这也是为什么现代工厂会替代手工业的原因之一,因为现代工厂所使用的人工智能只要设定好程序,就能带来比人工高出几倍甚至几十倍的生产效率。

第二,避免人为错误。只要是人都会犯错,而人工智能除非出现程序错误,否则就能一丝不苟地完成工作,可以完全避免错误的产生。比如在线超市Ocado公司就在仓库中使用自动化机器控制数千机器人，只要每秒与其通信10次，就能协调大量商品的物流与配送，其正确率达到了100%。

第三，加强企业创新能力。恰当的人工智能技术的运用能有效促进创新，这在当前产业结构升级的大背景下，具有非常实际的意义。而创新是企业发展的原动力，也是提升市场竞争力的核心。

第四，自主修复系统漏洞。通过强化学习后的人工智能模型，不仅可以模仿人类操作，还能学习最优策略，自主找到系统中的bug，最后完成自主修复，避免企业或产品因系统漏洞而出现失误。

5.3.3 人工智能的构成

人工智能由三个要素构成（见表5-3）。

表5-3 人工智能构成

构成要素	具体内容
数据	要想人工智能运行，就需要输入大量数据，比如语音识别，首先就要输入各种各样的语音类数据，如文字、发音、各国语音
算法	主要是传统的机器学习算法与神经网络算法结合看，后者的快速发展，使人工智能的深度学习能力得到了有效提升
算力	人工智能需要处理大量数据，因此对算法提出了极高的要求，CPU和GPU是当下应用最广泛的计算方式，云计算与边缘计算也正在普及

5.3.4 人工智能的应用

上文讲述到了人工智能的定义、优势、构成，那么它与元宇宙又有什么关系？在元宇宙又有哪些应用呢？我们可以从 VR 设备角度来理解：

第一，让虚拟物更加逼真。用户处于元宇宙的中心，因此用户所创建的虚拟人物的准确性将决定用户自己与其他参与者的体验质量。而人工智能可以提高包括虚拟人物在内的虚拟物的逼真程度，可以通过人工智能引擎分析 2D 人或物的图像或 3D 扫描，得出高度逼真的模拟再现。如果是虚拟人物，它可以绘制各种面部表情、情绪、发型，使虚拟人物更加具有人的特征；如果是虚拟物品，如河流，它可以绘制水流的动向、清澈度、水位的高度、水的波纹……使其更加接近自然。

第二，让数字人类更人类。此处不是指用户在元宇宙的分身，而是指存在于元宇宙的 NPC，这类人和玩家沟通、聊天、解惑，在虚拟世界中对用户的行为做出一些反应，甚至配合用户在虚拟世界的行动，而这就需要人工智能的帮助。

第三，解除语言限制。我们在使用一些国外应用时，常常会受语言限制而产生一些错误操作，最后直接放弃这种 APP。如果元宇宙要实现规模化，那么就必须解除这种语言限制，而这只有依靠人工智能完成。人工智能可以帮助用户理解如中文、英语等自然语言，将其转化成机器可读得到格式，执行分析，得出相应，最后转化成用户可读的结果反馈给用户。如此，用户就可以在元宇宙的世界里畅行无阻。

第四，增加元宇宙的可扩展性。人工智能具备深度学习能力，当人工智能输入引擎时，就能够从以前的数据中进行学习，然后输出自己的学习结果。而随着数据的不断增多，以及人工智能的不断升级，其学习能力也在不断提升，最终，人工智能将能得到和人类一样好的输出能力。人工智能的这种能力将有助于增加元宇宙的可扩展性，因为它可以在无须人类帮助的情况下添加新的元宇宙元素或板块，最为重要的是机器不像人类会受时间、精力、资金等各种条件的限制。

第五，提升用户体验感。人工智能可以辅助人机交互，提升元宇宙界面的体验感。比如当用户戴上 VR 耳机时，设置了人工智能的传感器将能够读取并预测用户的肌肉模式，从而准确地捕捉你在元宇宙的下一步行动意图。此外，人工智能的语音导航功能，可以让用户无须使用手动控制器就可以与元宇宙中的其他用户进行互动交流。

5.4 物联网技术满足多元化方式接入元宇宙需求

有着"科幻小说之父"称号的 Jules Verne 对人类的执行能力有过这样一句评价:"但凡人能想象到的事物,肯定有人能将它实现。"这一句话并不是人类的自誉。"元宇宙"本来也只是人类的想象,但是现在已经有人逐步地把它实现,而在这实现的过程中,离不开物联网技术的支持。

关于物联网的定义,有着诸多不同的看法。

百度百科的定义是通过各种信息传感设备,实时采集任何需要监控、连接、互动的物体或过程等各种需要的信息,与互联网结合形成的一个巨大网络。其目的是实现物与物、物与人,所有的物品与网络的连接,方便识别、管理和控制。

中国物联网校企联盟将物联网定义为:当下几乎所有技术与计算机、互联网技术的结合,实现物体与物体之间、环境以及状态信息的实时共享以及智能化的收集、传递、处理、执行。也就是说,只要涉及信息技术的应用,都属于物联网。

国际电信联盟将物联网定义为:解决物品与物品、人与物品、人与人之间的互联。

……

不管是何种定义,我们都可以明确物联网就是实现万物互联。那么,物联网的具体情况如何?它对元宇宙能起到什么样的作用呢?

5.4.1 物联网关键技术

物联网有三大核心技术:

第一,传感器技术。我国国家标准(GB7665-2005)对传感器的定义是:"能感受被测量并按照一定的规律转换成可用输出信号的器件或装置。"传感器技术与通信技术、计算机技术被认为是信息技术三大支柱。

第二,RFID 标签。是一种集无限视频技术和嵌入式技术为一体的非接触式的自动识别技术,通过视频信号自动识别目标对象并获取相关数据,无须人工干预就能进行识别工作。按照通信方式可分为三大类别(见表5-4)。

表5-4　RFID标签的三种类别

类别	特征	工作方式	优点
被动式	无内部供电电源	通过电磁波驱动工作,当标签信息接收足够强度的信号时,才可向读取器发出数据	价格低、体积小、无须电源

续表

类别	特征	工作方式	优点
半主动式	有小型电池	其通过天线接收读取器发出的电磁波，驱动标签IC，标签回传信号时，依靠天线的阻隔做切换，产生0与1变化	反应速度更快，效率更高
主动式	有内部电源供应器	通过内部电源供应器驱动内部IC以产生对外的讯号	读取距离长，记忆体容量大

第三，嵌入式系统。是一种嵌入机械或电气系统，具有专一功能与实时计算机性能的计算机系统，综合了计算机软硬件、传感器技术、集成电路技术、电子应用技术。以嵌入式系统为特征的智能终端产品随处可见，如小到 MP3，大到卫星系统。

5.4.2 物联网必备要素

物联网的范畴虽然包含广泛，但不是只要和"连接"扯上关系就能够被纳入物联网的范畴，它需要符合以下条件（见图5-4）。

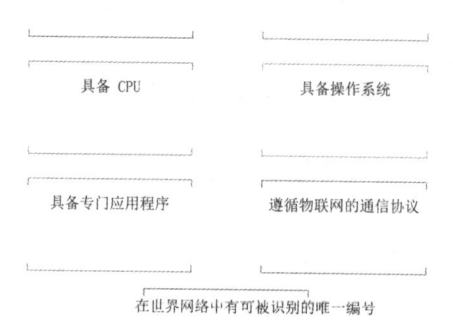

具备 CPU　　具备操作系统

具备专门应用程序　　遵循物联网的通信协议

在世界网络中有可被识别的唯一编号

图5-4　物联网需具备的五大条件

5.4.3 物联网具体应用

物联网在计算机网络的支持下，通过 RFID、传感器、嵌入式系统，打造了一个能覆盖万事万物的"互联网世界"，在这个世界里，物品能够互相交流，无须人工的干预。那么，它是如何帮助元宇宙实现"万物互联"的呢？

第一，让用户随时随地以各种方式接入元宇宙。元宇宙的要求之一就是能够让用户便捷地访问，不受时间、空间、终端设备的要求，而这只有物联网在各个重点的"互联"性才能满足。

第二，物联网为 XR 等设备提供支持。XR 是元宇宙的关键设备，比如我们熟悉的 VR 头显，已经发展成为成熟的硬件类别，而其所需要的核心设备"传感器"，正是构成物联网的关键技术之一。也就是说，物联网的传感器技术发展得越好，VR 的功能和体验感就越好。

第三，连接真实与虚拟。元宇宙平台的目的是打破现实中的各种局限，打造一个共享的虚拟空间，让真实的人与虚拟形象统一在一起，在元宇宙世界内，发挥自己的想象力去实现自己想要达到的效果，获得新的体验。而这就需要物联网技术的配合。比如体验传感器，人们可以通过穿戴体感传感器，在现实中做出各种动作映射到虚拟空间当中，从而实现现实世界与虚拟世界的共通。

5.5 区块链实现元宇宙去中心化经济系统

关于区块链，想必大多数人都不陌生，因为它早在比特币时期就异常火热，因为它是支持比特币价值的核心技术。但是随着比特币的没落，区块链的热度渐渐下降。2021年，区块链重新走回了大众的视线中，且比起之前更加"火热"，导致区块链"浴火重生"的源头就是元宇宙。

如果我们把互联网技术看成是互联网时代的"基础设施"，那么，区块链就是元宇宙时代的基础设施。因为不管是虚拟现实设备，还是物联网技术，都需要区块链的帮助才能在元宇宙中发挥它们最大的力量。

早在几年前，Facebook就已经开始布局区块链，并且发布了Libra，有了这个基础，Facebook才能比其他企业早一步进入元宇宙世界里布局，把名字都改成了"Meta"。

那么到底什么是区块链呢？百度百科是这么解释的："它是一种带有数据'散列验证'功能的数据库。它由多个节点间，基于加密链式区块结构、分布式节点共识协议、P2P网络（对等网络）通信技术和智能合约等技术，组合而成的一种去中心化基础架构区块，是多项成熟技术的一种整合技术。"

接下来，我们会对区块链做进一步的探析，然后找到区块链之所以能成为元宇宙基础设施的原因。

5.5.1 区块链的特性

区块链是分布式数据存储、点对点传输、共识机制、加密算法等计算机技术的新型应用模式，因而它具备以下六大特性（见表5-5）。

表5-5 区块链的六大特性

特性	缘由
去中心	因为分布式核算与储存，所以无须数据管理中心
去信任	因为数据库与整个系统运作的公开透明，只要按照系统规则与时间范围进行操作，所有节点之间无须信任也可以交易
去限制	区块链中数据对所有人都公开，任何人都可通过公开借口查询区块链数据即开发相关应用
去管理	区块链采用基于协商一致的规范与协议，把对人的信任转化为对机器的信任，无须人为干预就能让所有节点自由交换数据，实现完全自治
去变化	在区块链中一旦信息经过验证并添加到区块链中，就能被永存储存，且无法修改，数据具有稳定性即可靠性极高
去实名	节点之间是按照固定算法交换，无须信任就可进行数据交换，因此用户无须通过公开身份获取对方信任

5.5.2 区块链的类型

区块链可以分为以下三类：

第一，公有链。真正具备完全去中心化特征的区块链，公有链完全对外公开，用户可自由访问区块链网络，在链上交易，并参与网络共识过程，典型应用为比特币。

第二，联盟链。具有注册许可限制特征，只有联盟成员可加入，用户只能按照联盟规则使用链上读写权限与记账权限，因而更适合金融机构的交易、结算与清算场景。

第三，私有链。在私有组织内部使用，用户只能按照私有组织规则使用链上读写权限与记账权限，能有效防范数据安全攻击，适合数据管理和审计等企业内部使用。

从三种类型的特征、适用场景来看，我们可以发现公有链更适合元宇宙，因为元宇宙的要求之一就是让所有用户都能自由出入。

5.5.3 区块链的架构

区块链的基础架构可以分为六层（见表5-6）。

表5-6　区块链的六层基础架构

基础架构	作用功能	应用技术
数据层	储存数据区块，确保数据可追随性与不可篡改性	时间戳、Merkle树、非对称加密、哈希函数
网络层	构建保证任意2个节点无须建立互信即可交易去中心化节点	组网方式、消息传播协议、数据验证机制
共识层	有效实现各节点对数据的有效性，达成高效决策权共识	工作量证明机制（PoW）、权益证明机制（PoS）、股份授权证明机制（DPoS），及分布式一致性算法

续表

基础架构	作用功能	应用技术
激励层	通过经济平衡鼓励节点维护区块链系统安全运行，保证账本不可篡改	发行机制、分配机制
合约层	是区块链现灵活编程和操作数据的基础	智能合约
应用层	基于区块链平台在应用层可实现各种应用场景和现实案例	开发去中心化应用（DApps）

5.5.4 区块链的应用

区块链到底能给元宇宙带来什么？它在元宇宙的世界里是如何被应用的？

第一，提供身份标识。我们可以设想一个场景，如果元宇宙出现两个"我"该怎么办？"真假美猴王"由谁来判定？区块链就承担这个辨别真假，为用户提供身份标志的作用。因为区块链的不可篡改和可追溯性让元宇宙中的每一样事物都具备了"防复制"的特点。

第二，去中心化支撑。自从互联网出现后，信息安全问题越来越严重。这些被泄露的数据往往被滥用，轻则骚扰我们的日常生活，重则造成财产损失。区块链的去中心化特质，则可以避免用户在使用元宇宙平台时出现这种情况。因为区块链保证在链上的数据不可篡改、不可伪造、数据可追溯，这些数据归用户个人所有，任何人包括平台使用我们的数据都需要经过授权。

第三，保证公平公正。在现实中我们所有的行为都受法律保护和约束，即使如此也难免出现一些中心化作假的情况。但是区块链是去中心化且公开透明的，通过智能合约，就可保证代码不被篡改，避免了暗箱操作的风险。

第四，保证资产价值。元宇宙要运行，就必须有形成闭环的经济系统，但是如何认定资产价值呢？这就需要区块链中的 NEF 的帮助。

NFT（Non-Fungible Token，即非同质化代币）是区块链数位账本上的数据单位，每个代币都是一个独特的数码资料。它是用于表示数字资产的唯一加密货币令牌，可以像有形资产一样进行买卖流通，可以作用于画作、声音、影片、游戏中的项目或是其他形式的产品。NET 的这些特性给元宇宙提供了以下支持：

第一，实现元宇宙资产交易。元宇宙是一个由数字组成的虚拟世界，现实世界的一切都是以数字化的形式在虚拟世界里存在。NET 可以让虚拟世界的物品资产化，通过它完成虚拟世界的资产交易，从而完成内容价值转换。

第二，保证元宇宙资产的确权。在现实中，物理存在的东西都可能被复制，但得到了 NFT 帮助的元宇宙，其任何物体都具备了不可复制性，因为 NFT 不可分割，不能被复制，保证了元宇宙物体的确权。

5.6 电子游戏技术支撑元宇宙世界真实感

电子游戏，是指所有依托于电子设备平台而运行的交互游戏，20世纪末，完善的电子游戏才出现，它的出现改变了人类进行游戏的方式以及对游戏一词的定义，它是随着科技发展而出现的一种文化活动。它既具备新兴科技带来的特征。

可能有人会疑问，电子游戏与元宇宙有什么关系呢？其实，它们的关系非常紧密，因为电子游戏是元宇宙六大底层技术之一。

5.6.1 元宇宙带来电子游戏新类别

电子游戏如何分类？我们可以从两个角度来理解：

第一，根据运行媒可以分为以下五类（见图5-5）。

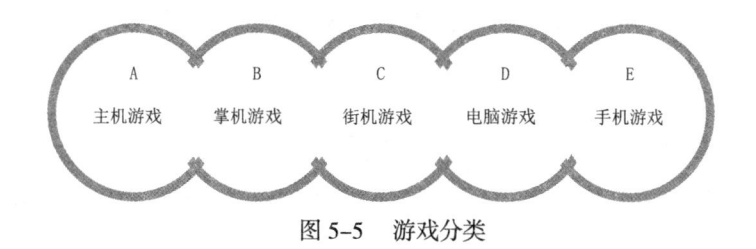

A 主机游戏　B 掌机游戏　C 街机游戏　D 电脑游戏　E 手机游戏

图5-5　游戏分类

第二，根据游戏玩法可以分为以下几类（见表5-7）：

表5-7 电子游戏的分类

代称	玩法	特点	代表
ACT	动作游戏	强调操作与动作结合	战神系列
FPS	第一人称射击游戏	第一人称且有射击工具	和平精英
RTS	战略游戏	进行战略建设，采集资源后将其转化为作战单位	星际争霸
RTT	战术游戏	可进行多单位战斗	全面战争系列
RPG	角色扮演游戏	打怪、升级、经历剧情	梦幻西游
ARPG	动作角色扮演游	将动作游戏、角色扮演游戏和冒险游戏的要素合并	传奇
TPS	第三人称射击游戏	强调第三人称视角且有射击工具	绝地求生

那么如 Roblox 一样的电子游戏属于哪一个类别呢？如果是按运营媒介，它可以从任何设备进入，手机端、电脑端，只要这些端口具备虚拟现实功能即可；如果是从游戏玩法分类，它可以涵盖各种游戏玩法，因为游戏开发者可以在元宇宙平台内开发各种玩法的游戏。所以，我们可以确定："元宇宙游戏不属于以上任何一种游戏分类"，它是全新的游戏类别——元宇宙游戏。

5.6.2 元宇宙与电子游戏相互成就

元宇宙在 2021 年迅速掀起风暴的原因是美国的一款电子游戏 "Roblox" 成功上市，并被称为 "元宇宙第一股"。此前，虽然或多或少地听说过"元宇宙"这个概念，但关注的人并不多，直到 Roblox 上市，并提出了与元宇宙相关的理论。

Roblox 是一个多人在线 3D 创意社区，该平台兼顾虚拟世界、休闲游戏和自建内容，用户可在平台中自行游戏作品，同时还有角色扮演、第一人称射击、动作格斗、生存、竞速等玩法，以及其他各式各样的创意玩法和内容。

截至 2019 年，就已经有超过 500 万的开发者在平台开发 3D、VR 等数字内容，月活跃玩家超 1 亿；2021 年 3 月 10 日成功在纽交所上市。

资料显示 2020 年，其平均每天能吸引 3260 万玩家进入平台，全年有 125 万名创作者获得了收入，2020 年，用户总游玩时间长达 306 亿小时，平均每名日活跃用户每天约 2.6 小时。

除了用户活跃量和上市，让人更惊讶的是 Roblox 的营业收入，Roblox 发布的 2021 年 Q2 财报显示，期内收入同比增长了 127%，至 4.541 亿美元；净营运现金流增长 64% 至 1.912 亿美元。

这是元宇宙在电子游戏行业应用的成功案例，不过，说是元宇宙成就了一款游戏，实际上也是电子游戏技术让元宇宙有了落地的依据，元宇宙的打造离不开电子游戏的支持，它们是互相成就的关系。

5.6.3 电子游戏核心技术与元宇宙共通

电子游戏中的核心技术有不少是元宇宙需要的，其主要体现在以下两个方面：

第一，虚拟现实技术共通。元宇宙需要 AR、VR 等虚拟设备进入虚拟世界，而这两项技术现在大多数使用在电子游戏上，因而元宇宙最先发展的行业也是游戏行业。

第二，游戏引擎共通。电子游戏的核心技术是游戏引擎，主要是用来开发各种核心功能，比如 2D\3D 图形绘制引擎、物理引擎、碰撞监测、声音、脚本、动画、人工智能、网络、流媒体、内存管理、线程、本地化支持、场景图、过场动画……而元宇宙如果要提供创作者开发功能，就需要游戏引擎这项开发技术。游戏引擎是游戏产业底层技术，也是通向元宇宙的基石，它可以帮助元宇宙平台构建 3D 可交互实时渲染的虚拟世界，更可以支持元宇宙实现自己的经济系统，比如通过游戏引擎在元宇宙中开发游戏，玩家付费使用。

第六章 入口：
根据元宇宙架构进行产业链布局

技术的进步让元宇宙从一个理论概念变成了落地可实操的新商业模式，而元宇宙的兴起也推动着以这些技术为核心的相关产业链的蓬勃发展，进而带动相关市场规模的持续增长。各大企业、投资者、创业者不管是为了获得元宇宙市场的先发优势，还是获得元宇宙市场衍生出的巨大红利，无一不积极地根据元宇宙架构在产业链上布局。

6.1 体验层：让用户获得非物质化的新体验

许多人认为元宇宙就是围绕着我们所处的三维空间建立的一个虚拟世界，但真正成熟的元宇宙世界既不是3D也不是2D，而是对现实空间、距离以及物体的"非物质化"。"非物质化"的一个显著特征，就是可以让用户轻松地享受到之前无法触及的体验。这就是元宇宙的第一层架构"体验层"，它指向元宇宙里的内容，比如社交、音乐、游戏，能给人带来以往很难获得的"非物质化"体验。

在元宇宙世界里，用户可以成为任何角色，比如明星歌手、赛车手，感受这些角色带来的体验，但这一套在现实场景中则很难实现，除非他本人就是从事这个职业。

在元宇宙世界里，用户可以获得在现实世界中很难获得的体验，比如演唱会的体验。在现实中，我们观看演唱会需要买票并到演唱会举办地，现场的位置也不一定好，观看体验有可能并不太好；但如果歌手在元宇宙里举办演唱会，元宇宙可以基于每个用户的个性化影像，在任何位置的用户都能拥有最佳视角，获得最佳的观赏体验。

当下元宇宙涉及游戏、娱乐、音乐、金融、社交等内容，未来势必会涵盖更多的内容，给用户带来更多样的新鲜体验。也就是说，元宇宙涵盖的内容越多，带来的体验也就越多，而体验越好，使用元宇宙平台的用户也就越多。

现在我们就以与元宇宙体验层关联最深的"游戏行业"与"社交行业"为切入点，来了解一下元宇宙的体验层到底给这些行业带来了什么，这些体验是不是各大企业布局元宇宙的原因？

6.1.1 游戏体验：更加沉浸、更加忠诚

游戏是元宇宙最先应用的行业，它让游戏体验变得更加沉浸、实时、多元化。元宇宙是一个基于现实世界的虚拟空间，游戏的形态与元宇宙类似，但是传统游戏的沉浸感并不强，容易被外界所影响。比如游戏与元宇宙都给了用户一个对应的虚拟身份，并基于此进行娱乐、社交、交易。但是游戏的虚拟身份是与现实身份割裂的，也不能在其他游戏平台上共用，所以一旦退出，用户就会从游戏世界中"清醒"过来。元宇宙体系是由多元化的商业主体构成的，虽然多元但体系是统一的，因此身份系统也是统一的。用户可以用一个身份系统去登录不同的游戏。就像Roblox，虽然平台上有很多游戏，但各个游戏共用一套虚拟身份与社交关系，降低了与现实的割裂感，让用户更沉浸在元宇宙的游戏世界中，形成较强的用户黏性与渗透能力。这种用户黏性带来的收益是非常大的，这一点从前文中Roblox这个案例中即可得知。

正所谓得用户者得天下，Roblox通过元宇宙让用户获得更加沉浸的游

戏体验，用户也对它更加"忠诚"，从而变现出更大的价值。

看到了元宇宙的沉浸式体验给游戏带来的庞大经济效益，尤其有 Roblox 这个成功的案例代表做证明，各个企业、投资人开始争先恐后地进入游戏行业布局"圈地"。

2020 年，在元宇宙这个概念尚未全面普及时，一向有战略眼光的腾讯就开始投资多个游戏公司，比例从 2019 年的 6.56% 上升到 17%，2021 年上半年就已经投资 40 家游戏公司；

2021 年 4 月，游戏引擎研发商代码乾坤获字节跳动近 1 亿元人民币战略投资；

2021 年 3 月底，移动沙盒游戏平台开发商 MetaAPP 完成 1 亿美元 C 轮融资，投资方为 SIG 海纳亚洲资本领投，老股东创世伙伴 CCV、云九资本、光源资本跟投，是迄今国内元宇宙赛道最大规模的单笔融资；

……

诸如此类的投资数不胜数，足见各大企业及投资者对元宇宙游戏的市场信心。

6.1.2 社交体验：游戏化与虚拟化的结合

元宇宙给社交带来的丰富体验包括以下几个方面：

第一，高沉浸。元宇宙具备高度的游戏性，因此它能够给用户带来与元宇宙游戏一样高沉浸度的社交体验。比如《王者荣耀》《和平精英》等竞技类游戏中多人组队开黑的机制，如果元宇宙中也加入这类游戏，那么用户就可以和其他人一起在元宇宙里组团打游戏。

第二，多元化。元宇宙可以涵盖丰富的场景，不管是自然风光，还是高楼大厦，或是咖啡厅、演唱会，这种丰富的多元场景可以给用户带来多元化的社交体验。比如Fornite平台就拥有派对模式，让用户可以在虚拟世界里举办派对或是演唱会。

第三，代入感。元宇宙虚拟化的身份能够扫清物理距离、社会地位等因素造成的社交障碍，因而能给用户更强的代入感。此外通过个性化虚拟身份，用户还可以根据自己的喜好打造自己，这也能增强用户在元宇宙世界中的社交代入感。比如元宇宙社交软件Soul就能够让用户通过该虚拟社会进行自由社交，让用户获得更自由的表达空间，同时用户还可以根据自己的喜爱打造自己的虚拟外形。

第四，跨边界。随着技术的进步与社交场景的拓宽，元宇宙社交将拥有更多打破虚拟现实边界的方式，让用户在元宇宙的世界里获得更为高级的社交体验。比如Soul，它为用户搭建一个能打破虚拟世界和现实世界边界的社交平台，在Soul的社交元宇宙中，用户可以举办派对、视频语言沟通、一起参加演唱会、一起听音乐和学习、一起玩游戏……丰富的娱乐方式的陪伴，让Soul受到了越来越多用户的喜爱。

元宇宙社交到底对用户是否具备吸引力，Soul的财报是最有说服力的：2020年，Soul营收为4.98亿元，同比增长604.3%；2021年第一季度，月活超过3300万，营收2.38亿元，同比增长260%。

元宇宙给社交带来的升级体验，让越来越多的用户从旧的社交平台进入元宇宙社交平台，而这将成为一种主流趋势。而且这种主流趋势带来的红利，和游戏行业一样，让许多有眼光的企业、投资人、创业者开始在元宇宙社交产业中布局。

比如国外社交巨头 Facebook，它直接就将企业名称改为"Meta"，并为此打造了一个社交平台 Horizon。

比如，国内最大的搜索引擎企业百度在 2021 年 11 月推出了一款元宇宙社交软件"希壤"，它是首个"国产"元宇宙产品，该产品打造了跨越虚拟与现实、永久续存的多人互动虚拟世界。

2021 年刚过，相机品牌佳能就宣布将开发一个基于 VR "沉浸式"佳能相机视频通话的元宇宙 VR 社交平台 Kokomo，预计在 2022 年内推出。该平台是一种创新软件解决方案，它将使用户通过使用兼容的佳能相机、VR 头显及兼容的智能手机与朋友和家人虚拟会面聊天。

6.2 发现层：聚焦于如何把人们吸引到元宇宙的方式

如何理解元宇宙的"发现层"这一架构？简单地说，就是用户为什么要使用你的元宇宙平台？用户又是如何发现你的元宇宙平台的？简而言之，"发现层"主要就是聚焦于如何把人们吸引到元宇宙的方式。

试想一下，我们为什么要使用一个新软件？首先，是产生了某种需求，想找到解决需求的方法。其次，从身边的朋友或是网上搜索找到了需求解决方法；最后，从应用商店下载该款能解决我们需求的软件。这就是我们发现并使用一个软件的过程。同理而言，发现元宇宙的过程也大致如此。

那么，如何打造元宇宙的发现层？各大企业、投资者、创业者又是如何在元宇宙发现层进行产业布局的呢？

6.2.1 广义上的发现系统

综观各种产品的发现渠道，发现其发现系统可以分为以下两种（见表

6-1)。

表6-1 当下常用的发现机制分类

类别	定义	特点
主动发现机制	用户自发寻找产品	应用商店
		实时显示
		身边好友在用
		搜索引擎
		中介系统
被动发现机制	产品主动出现在用户面前	新媒体广告
		内容分发
		各种广告弹窗
		广告邮件
		内部迁移

在元宇宙初级形态，大众产品适用的发现机制也适用于元宇宙，一旦有了元宇宙形式的新产品后，就能够基于原有的发现机制让更多的用户熟知并使用。

6.2.2 元宇宙主动发现机制的核心

什么是元宇宙的主动发现机制？就像是我们想要体验各种游戏的玩法，但是不想一个个下载游戏软件、一个个注册账号，于是我们就想去寻找一个能包括所有游戏玩法的平台，为此我们就可以去应用商店寻找对应解决需求的软件，或者是从身边好友打听哪款软件可满足自己的需求。

按照这个思路，如果哪家企业先掌握了元宇宙主动发现机制渠道，那这家企业就掌握了决定谁能入局元宇宙的钥匙，并从中获得巨额红利。就像是苹果与谷歌的应用商店，因为其建立了庞大的应用商店生态系统，两家企业就能决定谁可以在我们的应用商店上架，获得苹果和谷歌的用户资源，而这两家企业也会对在应用商店上架的应用收取一定的费用。

游戏是元宇宙最先应用的行业，作为中国游戏行业的领先者，网易必然不会忽略元宇宙游戏这个新兴概念。相比于其他企业，在元宇宙布局上，游戏就是网易的优势项。因此，该公司也从自己的优势出发，把投资重点放在了游戏上，然后辐射到相关生产力技术。比如 2018 年投资了英国游戏架构公司 Improble，其开发的云计算平台 SpatialOS 允许第三方通过它建立大规模的虚拟世界。

网易围绕游戏的投资布局还有很多，但最让网易重视的是它在发现层的布局。为了把握住用户资源的主动权，2019 年网易上线了云游戏平台 Beta，经过多次的迭代更新，该平台已经涵盖了大部分主流手游和端游，并实现了多段端覆盖，可跨平台多端无缝切换，是目前体验最好的游戏平台之一。有了这个平台，网易不仅掌握了自己的软件下载主动权，也掌握了其他游戏的下载主动权。

6.2.3 元宇宙的被动发现机制

元宇宙的被动发现机制：就像我们了解一个新品牌一样，对它从陌生到熟悉的过程大多数是因为广告，通过各种各样的广告信息了解到这个品牌，然后发现该品牌可以解决我们的某种需求，或是引起某种需求的产生，最后我们购买了这个品牌的产品。当然，这对于元宇宙产品来说，也是一种极有效的被发现的方法，但这需要一个长期的过程，且需要企业投入极大的广告成本，最直接有效且成本最低的方法就是"内部迁移"。

什么是内部迁移？就是把企业原有的用户迁移到元宇宙平台中，就像是腾讯，因为QQ有庞大的用户群，它在开发其他新产品时，都会通过QQ进行用户引流，从而让新产品快速积累第一批种子用户，然后利用这批种子用户产生口碑，进而吸引更多的用户使用新产品。

这种方法对于腾讯来说已经非常熟悉，既然入局元宇宙，自然就会通过这个"内部迁移"的老办法让用户发现自己要打造的元宇宙平台。

腾讯首席执行官马化腾在2020年提出了"全真互联网"的概念，并认为这是元宇宙的高级形态。全真互联网由移动互联网而来，这一点腾讯早就有了QQ和微信两大王牌。

腾讯通过QQ和微信抓住了互联网与移动互联网时代下的各种机会，现在也正布局通过这两个核心优势，抓住元宇宙的未来。腾讯一旦开发出元宇宙新产品，或是投资元宇宙新产品，就会通过这两个平台为它们引流，让QQ和微信的用户第一时间发现它们，并使用元宇宙平台。

6.3　创作者经济层：打造创造新体验的工具

元宇宙要想成为一个永恒的宇宙，必须有一个完善的经济系统，而经济系统的构成之一就是"创作者"，创作者生产内容进行销售，元宇宙用户付费使用，最终形成一个元宇宙经济系统的闭环，这就是元宇宙基础架构之一"创作者经济层"。

其实"创作者经济"这个词语并不是随元宇宙出现的新概念，更不是一个新模式，早在内容经济时代就已经出现。最早的如知乎，用户在知乎上做出高质量回答就可获得平台的奖励以及用户的打赏，新近出现的就是各大短视频，比如抖音，用户在平台上发布内容，如果是参加平台的活动则可以获得平台的奖励，如果是高流量就可以借此成为IP，然后变现，比如李子柒、桃子姐等人。

那么，元宇宙中的创作者经济层是如何运作的呢？各大企业、投资人又是如何在这一层实现元宇宙产业链布局的呢？

6.3.1 创作者经济层的特点

要想打造元宇宙的创作经济层,首先就要先了解它的特点。总的来说,创作者经济层体现了以下四大特点(见图6-1)。

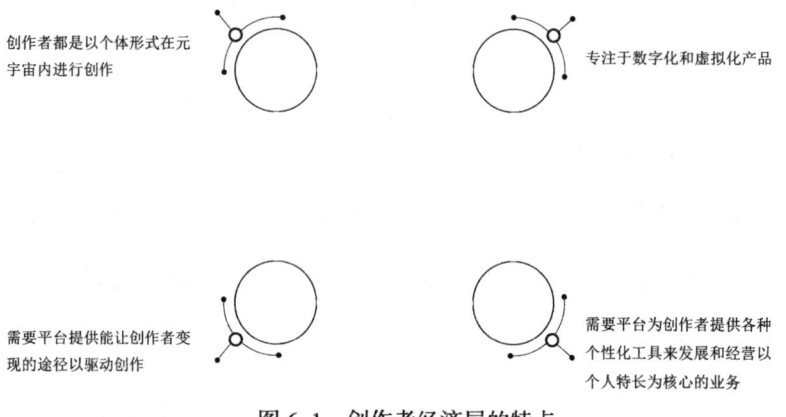

创作者都是以个体形式在元宇宙内进行创作

专注于数字化和虚拟化产品

需要平台提供能让创作者变现的途径以驱动创作

需要平台为创作者提供各种个性化工具来发展和经营以个人特长为核心的业务

图6-1 创作者经济层的特点

6.3.2 元宇宙的内容需要创作者

元宇宙如何吸引用户,并留下用户?这只能依靠内容,有好的内容才能吸引人并留住人,否则把元宇宙这个概念炒得再好也无用。元宇宙的本质是无限的,而只有内容达到一定体量的平台才能被称作元宇宙。那么内容生产?靠企业吗?企业自身虽然可以创作一些内容,但是企业的时间、人力、成本有限,其创作出来的内容别说达到元宇宙需要的体量,就是十分之一也不可能达到。企业打造的内容只需要能成为支撑元宇宙无限扩张的核心——世界观即可。所以,元宇宙平台的内容打造不能依靠企业自身，只能依靠创作者。

比如世界级电影公司"漫威"，它就是通过一个个好内容来构建自己的IP宇宙。2008年的《钢铁侠》让漫威踏出了IP元宇宙构建的第一步，《黑寡妇》奠定了漫威IP宇宙的基础，在此期间的13年累计出品23部电影、12部电视剧，这些作品构成了IP元宇宙的核心——世界观。但依靠这些还不足以构成一个完整的元宇宙世界，只有通过各种形态的内容来丰富这个世界观，比如通过用户一系列的二次创作、产出新内容，才能让漫威最终实现"IP元宇宙"的目标。

腾讯作为提出元宇宙高级形态"全真互联网"这个概念的领先者，自然不可能忽视"内容"对元宇宙构建的重要性，早早就进行了产业链布局。

在泛娱乐领域有深厚基础的腾讯，一直通过内部孵化与外部投资两种方式在泛娱乐板块积极布局，因此在网络文学、动漫、在线音乐、影视制作、视频平台、网络游戏等领域都有着极大的影响力。依靠这些产业链，腾讯就能全方位地为元宇宙提供内容以及持续的内容衍生。

比如其投资的哔哩哔哩动画，该平台就有非常完善的创作者内容创作体系。2021年Q1活跃内容创作者达220万人，月均高质量视频投稿量达770万件；单活跃Up主月均视频投稿量增加至3.5件，带动B站日均视频播放量达16亿次。

6.3.3 变现驱动创作者创作

"为爱发电"只能一时，也只能激发一部分人在元宇宙平台上进行创作。如果没有完善的激励机制，创作者创作的内容始终有限，而为创作者提供变现渠道，无疑是最好的激励方式。创作者变现的方式主要有三种（见图 6-2）。

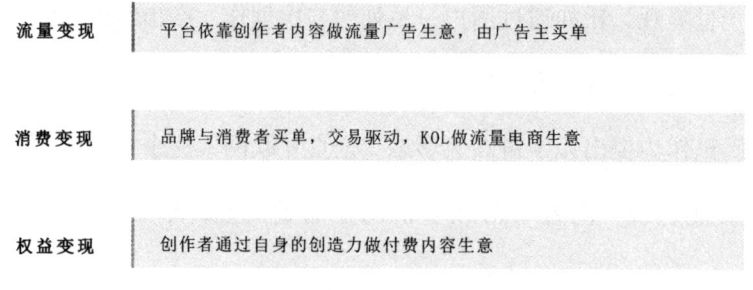

流量变现	平台依靠创作者内容做流量广告生意，由广告主买单
消费变现	品牌与消费者买单，交易驱动，KOL做流量电商生意
权益变现	创作者通过自身的创造力做付费内容生意

图 6-2　创作者变现方式

就当下的元宇宙而言，大多数是采用权益变现的方式。比如 Roblox，其成功的原因之一就是拥有极为活跃的开发者社区，截至 2020 年就已经拥有 127 万开发者，845 万个游戏获得使用。创作者能在平台上通过售卖游戏和内购，根据用户参与度获得创作者奖励，也可以通过向其他开发者销售开发工具和内容、在虚拟物品（装饰、动作等）市场上出售商品等方式获取收入。2020 年共有 4300 名开发者通过该项目获取了 3.29 亿美元收入，其中有 3 位游戏开发者获得超过 1000 万美元的游戏分成。

6.3.4 为创作者提供创作工具

正所谓"巧妇难为无米之炊",要想让创作者为元宇宙源源不断地创作内容,就要给他们提供称手的工具,包括设计工具、货币化技术、动画系统、图形工具等。好的工具能降低创作者的门槛、提高创作者创作效率。创作者的工具使用也经历了三个阶段:

第一阶段:先锋时代。此时的创作者没有什么趁手工具,第一个网站是直接用 HTML 编码编写的。

第二阶段:工程时代。如提供 SDK 和中间件等工具,以降低创作者负担。

第三阶段:创作者时代。这是真正的工具效率时代,各种各样的工具让创作者的创作激情和效果得到了指数级增值,如 3D 图形可以使用工作室级的可视化交互平台,在 Unity 和 Unreal 等游戏引擎中制作,而无须触及较低级别的渲染 API;如 Roblox 使用机器学习能将英语开发的游戏自动翻译成其他八种语言,包括中文、法语和德语。

就当下的创作者经济市场而言,不少企业已经通过为创作者提供创作工具而获得巨额收益,比如 AD、CD、亿图、WPS、PS 等。同理,元宇宙的创作者使用工具市场,工具也是一个非常值得投资的市场。

在创作工具领域有多年积累的万兴科技也早早在这元宇宙创作工具领域进行了布局。万兴科技副总裁谷成芳在 FBEC2021 的"Let's Metaverse·2021 元宇宙峰会"表示:"元宇宙建设的过程中,除了基础系统支撑和持续的技术升级外,还需要更多的创作者,通过更智能化的软件与工具去创造海量的创意内容。在不久的未来，在元宇宙业态内创新创作会成为很多人赖以为生的工作。为这些创作者提供软件工具，为创作经济层赋能，将是构建元宇宙的必由之路。"

该公司围绕"视频创意、绘图创意、文档创意、实用工具"为主题，已经推出了超百款数字创意软件产品，如：万兴喵影、Wondershare Filmora、StoryChic、Beat.ly、亿图图示、亿图脑图 MindMaster、墨刀、万兴 PDF、万兴易修、万兴恢复。

2021年6月，万兴科技完成了对实时3D云平台提供商广州引力波信息科技有限公司（简称"Realibox"）的投资。此次投资 Realibox，不仅能推进业务协同发展，还有望助力公司在元宇宙市场及关键的3D工具软件领域取得先发优势，为公司后续发展带来增长新动能。

除了对外投资，万兴科技内部也在加快对元宇宙创作工具的研究，且已经取得了一定的成就，旗下拳头产品 Wondershare Filmora，已经结合 MR 技术实现创新技术玩法，比如说基于不同的视频剪辑场景，可以让用户一键就生成许多酷炫视觉特效。

6.4 空间计算层：构建元宇宙虚拟世界将其3D化、立体化

元宇宙的空间计算层主要是指构建元宇宙虚拟世界并将其3D立体化所应用的软件技术，如D引擎、手势识别、VR/AR/XR、人工智能、多屏任务面……空间计算层消除了现实物理世界与元宇宙世界之间的障碍，不仅能让现实中的事物在虚拟世界里展现，也能让现实中无法实现的事物在虚拟世界里实现。空间计算技术是实现元宇宙不可或缺的技术，因此，各大企业、投资人、创业者早早就瞄准了这一层产业链，以获得元宇宙行业的先发优势，或是借此获得元宇宙带来的巨大红利。

6.4.1 3D引擎

随着元宇宙概念的兴起，市场正在逐渐形成与创造和现实对应的虚拟世界的经济体，而作为构建虚拟世界的关键技术3D引擎更是不能被忽略。什么是3D引擎？百度词条如此解释："它是指将现实中的物质抽象为多边形或是各种曲线等表现形式，在计算机中进行相关计算并输出最终图像的

算法实现的集合，就像是在计算机内建立一个真实的世界。

其基础功能有三：

第一，数据管理。其涉及场景管理，对象系统，序列化，数据与外部工具的交互，底层3维数据的组织和表示等功能。

第二，渲染器，是3D引擎的核心部分，属于高级全局照明渲染插件，它承担着将3D物体绘制到屏幕上的任务，分为硬件渲染器和软件渲染器。

第三，开发工具。主要指文件转换器、场景编辑器、脚本编辑器、粒子编辑器。

打造元宇宙需要的就是游戏类3D引擎，它对元宇宙的重要性我们在前文已经有过叙述，所以不少元宇宙入局者们早早把目光放在了3D引擎产业链上。

Unity本身就是一家因提供低门槛、易上手的跨平台开发实时3D引擎的知名企业，随着元宇宙的兴起，3D引擎技术在元宇宙中的重要性被确认，Unity也成了元宇宙的定义者、创建者和实现者。

元宇宙会释放大规模的实时3D内容需求，而在这个领域，Unity是最轻量、可交互、多端内容实现表现最好的平台之一，且基本覆盖所有平台。因此，元宇宙有着先天的优势，凭借这些优势，它能成为元宇宙创作者、生产者的首选创作工具之一。

元宇宙的沉浸式体验需要依靠实时渲染，而实时渲染无疑也是Unity的优势，因此，在这个方面，Unity引擎完全有能力和资格参与到元宇宙的建设中。

为了实现自己的元宇宙目标，Unity 不仅积极发挥自己的先天优势，还通过自主研发投资手段扩大自己在元宇宙市场中的影响力。

2020 年，Unity 推出了 Mixed and Augmented Reality Studio（混合和增强现实工作室），简称为 MARS，可允许专业或非专业用户制作 XR 体验，让应用真正对现实环境做出智能的反应；2021 发布 MARS 的智能助手应用，支持开发者无须完整的项目文件和 Unity 编辑器，就能在任何地点、任何 AR 设备上进行 3D 创作。

2021 年 11 月 10 日，Unity 以 16.25 亿美元的价格收购视觉特效公司维塔数码，该公司主要领域为制作数字特效。通过此次收购，Unity 将获得维塔数码的视觉特效工具和技术套件，以及其 275 名工程师团队，这些工程师将加入 Unity 的 Create Solutions 部门，它将为实现新一代实时 3D 创意内容和塑造元宇宙的未来提供极大帮助。

6.4.2 VR/AR/XR/MR

AR/VR/XR/MR 被看作下一个万亿级市场，除了本身的市场需求，元宇宙的出现更是将它们推到了关注高点。据 IDC 等机构统计，2020 年全球虚拟现实市场规模约为 900 亿元人民币，其中 VR 市场规模 620 亿元，AR 市场规模 280 亿元，预计 2024 年市场规模超过 2800 亿元。2018 年第二季度投资超过 15 亿美元，2020 年 VR/AR 市场投融资规模就达到了 244 亿元。

所以，不管是为了获得元宇宙的先发优势，还是单纯为了该市场的红利，各大企业和投资者对 AR/VR/XR/MR 市场的投资热情空前高涨，甚至可以说是所有元宇宙相关产业最受投资者们关注的。

Facebook 以 Oculus 系列产品为切入持续建设 VR 产品及生态；

微软以 Hololens 为切入打磨 B 端 MR 产品及生态；

腾讯 2021 年先后投资了包括威魔纪元、Ultraleap 等多家 VR、AR 类交互领域的企业；

字节跳动 90 亿人民币收购 Pico、入股 VR 游戏开发商梦途科技；

阿里巴巴设立的面向 AR、VR 和元宇宙技术的 XR 实验室；

……

从国内外各大巨头企业在 VR/AR/XR/MR 等方面的布局，足见他们想进军元宇宙市场的决心。

6.4.4 人工智能

人工智能是元宇宙的重要支撑技术，其中计算机视觉、机器学习、自然语言处理、智能语音都是必不可少的组成部分。其所涉及的学科领域包括计算机科学、数据科学、数学、心理学、行为学、工程学等众多科学，应用场景更加广阔，能够与理工、社会、人文等几乎所有学科分支进行交叉融合，几乎所有的行业都能应用到人工智能。

在元宇宙出现之前，人工智能已经就是大热行业，不管是市场还是国家层面，对人工智能都非常关注。2021年，我国政府颁布了一系列行动计划和纲要，从顶层设计上重点支持人工智能。在"十四五"规划纲要中，直接明确人工智能将成为建设创新型国家，实现新型工业化、信息化，实现经济高质量发展的最有力助推器之一。

元宇宙的出现，更是把人工智能的热度推向高潮。所以，对于该领域的产业链，各大企业与投资者早早就已经进入，如今不过是加重了布局筹码。

根据中国新一代人工智能发展战略研究院数据统计，截至2020年底，共有1566家人工智能企业发生融资事件，融资金额达到22665.39亿元。全国人工智能企业融资规模在10亿元以内融资的企业占八成，融资规模在1亿元以内的有709家，占比为45.27%；620家企业融资规模在1亿~10亿元之间，融资规模在50亿元以上的企业占比达到了4.85%。

不管是纵向对比，还是横向对比，人工智能领域的投融资规模都相当庞大，这也足以证明投资者们对人工智能领域的信心。

6.5 去中心化层：提供独一无二的身份ID

去中心化是元宇宙最关键的要素，为什么元宇宙一定要去中心化？因为如果元宇宙依然是中心化的世界，那么我们在现实中发生的资源分配不均、贫富差距悬殊问题依然会在元宇宙的世界里发生，甚至还可能被催化。

现实中的资源掌握者可以通过现实中的资源，让元宇宙中的自己获得更好的服务、更多的权利、更高的利益，然后，再把元宇宙世界获得的财富转化为现实世界的财富。这种现象出现后，社会问题反而更严重，这就违背了我们建立元宇宙的初衷。

所以，要建立元宇宙就必须去中心化，要搭建元宇宙就必须掌握去中心化层的关键技术。

6.5.1 中心化到去中心化的过程

要想掌握去中心化层的关键技术，在相关产业链中布局，获得在元宇宙中的优势，首先就要先理解中心化到去中心化的演进过程。去中心化有三个关键要素（见图6-3）。

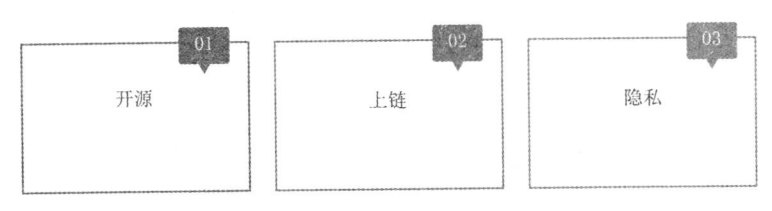

01	02	03
开源	上链	隐私

图6-3　去中心化的三个关键要素

现在我们就以这三个关键要素为切入点来了解中心化到去中心化的整个演变过程：

中心化：是指产品是闭源的，提供产品的企业就是中心化组织，产品产生的所有数据必须通过企业，企业能完全掌握使用产品的用户的数据。

半中心化：是指产品是开源的，但产品产生的数据是未经过加密的，依然归中心化组织管理。比如亚马逊，所有人都可以在亚马逊上开店，但是店铺产生的所有数据都归亚马逊管理。一旦亚马逊的数据被盗取，个人信息就会完全暴露。

半去中心化：是指产品是开源的，数据通过上链进行了加密处理，大部分人认为数据不归中心化组织管理，但实际上还是存在中心化层。

完全去中心化：是指产品是开源的，数据通过上链进行了加密处理，数据完全由个人掌握，元宇宙就是真正的完全去中心化的存在。拥有了完全去中心化的元宇宙拥有了这几项优势（见图6-4）：

● 元宇宙未来应用

用户自己管理自己的数据

通过上链加密储存数据

访问数据由用户自己授权决定

数据可以得到安全备份

图 6-4 完全去中心化层的元宇宙优势

依靠这几个优势，元宇宙用户的隐私不仅能得到保护，无须再担心数据泄露的风险，更能实现数据的长期保存，到时只要用户同意就能通过共享模式降低数据获取以及储存费用。

6.5.2 区块链是去中心化层的核心技术

元宇宙要实现完全去中心化就必须依靠区块链技术，区块链完美建立了去中心化下的信任机制。信任是互联网时代最"缺乏"的要素，为此各大企业都绞尽脑汁，比如 TCP 协议的三次握手，提供了结点与结点之间的可靠性信任问题；双因素身份认证保证了客户端信任度……但是这些信任技术手段都是由中心化系统提供的，还是不能完全解决信任风险问题。而区块链则可以通过去中心化来完全解决信任问题。

区块链有过辉煌，比如"比特币"繁盛时期，随着比特币的没落，区块链也开始没落，只有少部分人在关注，而元宇宙的出现让区块链重新回到了大众视野，让他们意识到区块链不仅对元宇宙很重要，对其他行业也很重要。

区块链可以应用在以下行业（见表6-2）。

表6-2　区块链在各行各业中的应用

应用行业	具体作用
艺术行业	使用区块链技术声明所有权，发行可编号、限量版作品；无须通过中介就能进行买卖
地产行业	让整个产业链流程变得更加现代化，解决命名过程、土地等级、代理中介、土地投资买卖问题
金融行业	建立数字资产、数字货币
物联网	通过 Transaction 产生对应的行为，采取收费的方式为每个设备分配地址 Address，让其执行相关动作，从而达到物联网的应用
物流供应链	物流各方可以获得一个透明可靠的统一信息平台，可实时查看状态，降低物流成本，追溯物品的生产和运送整个过程，提高供应链管理的效率

所以不管是因为元宇宙，还是区块链各行各业的应用价值，其相关产业链都是一个非常值得投资的重点。

根据国家互联网应急中心"区块链之家"网站数据，截至2021年12月底，全国区块链相关注册企业达到9.36万余家。

根据01区块链平台不完全统计：2021年12月份全球区块链相关产业共发生195起融资事件，融资总额超过42.91亿美元，其中54%的获投项目融资额在100元~1000万美元区间，其次是百万美元以下，占比23%；千万美元和数亿美元级别的融资事件占18%和5%；从行业分布来看，单是元宇宙12月份就发生了11起投融资事件，其余与元宇宙相关的技术行业也不在少数，比如NET就有32起。

从这个数据来看，各方对区块链的未来发展都非常看好，元宇宙的出现更加强了各方的投资信心。

6.6 人机交互层：让设备与人类结合得更紧密

如今正是科技高速发展的时代，这一点在机器设备商上体现得尤为明显。机器设备越来越接近人类的身体，更贴合人的喜好。就像是智能手机，它不再只是一部通信工具，而是高度便携、始终连接、功能强大的小型计算机，而之后它将变得更加强大，比如可以随着进一步小型化的传感器、嵌入式 AI 技术以及对强大边缘计算系统的低延迟访问，它将彻底地与人类结合，成为人类的一部分，人类也将成为半机械人。这就是人机交互技术所带来的改变。元宇宙世界里的人类将是更为高级的机械人的存在，因为元宇宙的人机交互层，能让设备与人类结合得更加紧密。

关于什么是人机交互层，人机交互层在元宇宙中的作用、其应用的技术、未来的发展我们在前文已经有过详细的叙述。沉浸感是元宇宙的关键，沉浸感越强，元宇宙的构建就越成功，而虚拟现实技术的高低就是元宇宙沉浸感程度高低的关键。现在我们就以人机交互技术最核心的技术"VR"为切入点，看看各大企业在人机交互产业链的布局情况，以及他们这么做的原因。

6.6.1 无沉浸：Facebook 收购 Oculus

2014 年之前，VR 尚未出现，但是沉浸感概念已经出现，不少有前瞻性眼光的企业已经意识到沉浸感对未来构建虚拟世界（游戏、电影）的重要性，开始寻找打造沉浸感的突破口。2014 年就发生了一起被誉为"VR行业"的里程碑事件：Facebook 以 20 亿美元收购 Oculus。

Oculus 成立于 2012 年，是一家明星级的虚拟现实公司，可称作现代 VR 先驱者。其首款产品在 2012 年先登录了 Kickstarter 众筹，募集了百万美元的支持后，又得到了不少投资公司的资金。

Facebook 收购 Oculus，就是为了未来发展做准备。在它看来，Oculus的虚拟现实技术为人类创造了一个全新的体验，这种体验不仅可以让游戏产品更上一层楼，在生活、教育、医疗等其他领域也有广阔的想象空间。收购 Oculus 可以让 Facebook 既获得虚拟现实领域的先发优势，又能为下一个社交时代做准备，让自己保持社交领头羊的地位。

此时的 Facebook 可能还未意识到，这一收购为 6 年后自己的元宇宙社交战略转型计划打下了基础。

6.6.2 初级沉浸：2016 年是 VR 产业元年

从 2015 年开始，VR 这个名字开始被人熟知，人们通过 VR 看到了与现实不一样的世界，当然此时的虚拟世界与现实世界的割裂感还是比较强的，因此沉浸感交叉。而随着 2016 年 Oculus Rift、HTC Vive、PS VR 三大现象级设备的出现，各大企业也看到了 VR 行业的红利，纷纷布局 VR，VR 行业迎来了重大爆发与增长点。

2016 年 2 月 28 日，Magic Leap 获得 7.935 亿美元的巨额投资，领投企业是阿里巴巴，跟投企业包括富达、华纳兄弟、摩根士丹利、摩根大通以及谷歌、高通等。Magic Leap 是一家可穿戴增强现实技术公司，新融资无疑给 VR 行业发展带来了一针强心剂。

2016 年 4 月 1 日，阿里巴巴宣布成立 VR 实验室，并启动"Buy+"计划。阿里巴巴表示将打造全球最大的 3D 商品库，让用户在 360 度全景浸入式的购物环境中，更真实地了解到衣物的细节及品质。

2016 年 5 月 18 日，迪士尼推出一款 VR 体验 APP，免费对用户开放，应用内包括迪士尼的所有电影，如《星球大战》《复仇者联盟》，这标志着产业链内容端巨头企业也开始在 VR 产业链发力。

2016 年 7 月 10 日，三七互娱以 1000 万元投资国内一家 VR 游戏开发商天舍文化；19 日，小派科技获数千万元 Pre-A 轮融资……这意味着国内 VR 公司的实力也受到了各大企业的认可，小型 VR 公司将成为 VR 投资重心。

2016 年 9 月 6 日，京东宣布成立全球电商领域首个 VR/AR 产业推进联盟，联盟成员涵盖 VR、AR 的硬件设备厂商、算法及系统制作商，到内容供应商等 30 多家 VR/AR 上下游企业，涵盖了完整的 VR、AR 生态。

2016 年 9 月 15 日，百度 VR 浏览器正式上线，这是一个能让用户在

VR环境下进行网页浏览、3D/全景视频播放、VR应用下载的聚合平台，支持各种VR眼镜。

2016年10月23日，腾讯宣布正式进军VR领域，又提出VR开放平台，为提供VR开发者提供早期开发原型等服务。

……

2016年VR行业的动静颇大，不管是推出VR产品，还是投资VR企业，都足以证明此时VR技术带来的沉浸感已经让人们看到了虚拟现实可实现的信心。

6.6.3 中级沉浸：5G推动VR逐渐生态成型

2019年是5G商用元年，5G技术的成熟与普及不仅给各行各业带来了新势态，也推动了VR的生态成型。2016年之后，因为技术停滞，如语音导航、定位精准、社交功能等痛点问题无法解决，VR行业也一度停滞。5G的到来让这些痛点问题迎刃而解，VR行业也再度爆发。

VR发展初期是非常小众的，但因为5G它走进了更多行业。目前，我们看到很多企业都在应用VR，设计、教育、医疗、展会、广告、旅游等，许多行业都在使用VR。VR的普及也让许多企业增加了投资信心。

作为5G技术的领头羊华为，也看到了5G给VR带来的帮助，对VR领域也产生了兴趣。2019年12月底，华为投资了琨游光电，打算在VR眼镜方面深入发展。琨游光电成立于2016年，专注于晶圆级光芯片的研发与应用，致力于探索通过半导体工艺与光学工艺的融合，以半导体晶圆思路设计、制成纳米级、低成本的光学芯片。目前鲲游光电已对外提供微纳光学、AR 光波导、光通讯高速光链路的量产产品。

华为之所以投资鲲游光电就是因为其所掌握的光波导技术，波导的传输渠道可将显示屏和成像系统远离眼镜移到额头顶部或侧面，降低光学系统对外界的阻挡，使 VR 眼镜更贴合人体，提升了 VR 眼镜的佩戴体验。

除了 VR 穿戴设备，VR 涉及的其他行业也受到了众多投资者的关注。据统计，2019 年全球 AR/VR 融资总规模约达 23.4 亿美元，其中 AR 占 10.3 亿美元，VR 占 13.1 亿美元。其投资重心逐渐从产品创新阶段走向应用场景落地，涉及场景包括全景看房、医疗、培训、安防、机上娱乐、模拟、视频直播，总融资次数 23 次，共计 8.9 亿美元，占 VR 总融资 68%。

此外，从 2019 年融资表现也能看到巨头公司在 AR 不同领域的投资，如阿里巴巴选择投资移动 AR 营销公司玩美移动；谷歌投资 Hello Team Solar，将开发 LBS AR 应用。

从这些投融资的方向足以看出，2019 年的 VR 生态已经逐渐成形，而不仅仅局限在 VR 穿戴设备这一方面。

6.6.4 高度沉浸：满足初级元宇宙沉浸感要求

2019 年后，元宇宙的出现又为 VR 行业增添了一把火，此时的 VR 技术也达到了初级元宇宙对沉浸感的要求——高度沉浸。当然，随着元宇宙的发展，高度沉浸感是不足以满足的，需要VR带来完全的沉浸感，也就是让用户完全不会因为虚拟世界中存在的任何突兀而与现实世界产生割裂，让用户以为虚拟世界就是现实世界。

元宇宙与VR的关系密不可分，它是元宇宙人机交互层的核心技术之一，因此各大有心进入元宇宙的企业自然不会放弃在VR行业布局。Facebook（Meta）、Roblox、苹果、微软、谷歌、英伟达、腾讯、字节跳动等国内外头部厂商纷纷根据各自优势与对元宇宙的理解加大对VR行业的布局。

2021年8月，Facebook正式推出了VR会议软件——Horizon Workrooms的虚拟会议室功能。该软件可以让用户通过自己的虚拟身份与其他人在同一个虚拟空间中进行协作，创造了全新的沉浸式会议体验。

2020年5月15日，苹果正式收购VR直播创业公司NextVR，这是迄今为止苹果首次在VR内容领域的并购事件。成立于2009年的NextVR，在拍摄、压缩、传输和内容显示等领域获得了26项VR专利技术。

2021年8月初，字节跳动推出AR开发平台Effect Studio，开发者可通过平台为Tiktok App构建AR效果滤镜；2021年8月29日，收购国内领先VR硬件厂商创办Pico，并将其业务并入字节VR部门。

6.7 基础设施层：让元宇宙得以实现的底层技术

从 2005 年到 2021 年 3 月之前，元宇宙在谷歌的搜索指数从未高于 7，2021 年 3 月后，却突然暴涨到 100。元宇宙突然"爆红"的原因是什么？为什么之前被众人忽略的"元宇宙"，就成了人人看好的"下一代互联网"？其实就是因为底层技术的出现，让元宇宙的基础设施层有了支撑。

元宇宙的基础设施层包含哪些核心底层技术？各大企业的基础设施层都有哪些布局？我们选择了 5G、云计算、GPU 等三大核心基础设施来作为切入点，了解各大企业在元宇宙基础设施层的产业布局情况。

6.7.1 网络通信基础设施：5G

元宇宙的拓展现实设备，如 VR/AR 要想拥有一定质量的沉浸感，就需要更高的分辨率与帧率，而这就需要更先进的移动通信技术以及视频压缩算法的支撑。这在 4G 网络时代根本不可能实现，5G 可以为拓展现实设备提供更高的分辨率与帧率。对于 5G 来说，元宇宙的出现也能提升 5G 的网络覆盖率。到目前为止，基于 5G 的"杀手级应用"还未出现，微信、支付宝、Facebook等产品4G网络就已足够，因而5G的市场需求度和渗透力还不够，只能应用在物联网、无人驾驶等较为垂直的行业。而元宇宙的设想之一就是"大规模、全覆盖"，让几亿甚至几十亿的用户使用，一旦实现就能帮助5G打开大众需求缺口，提升5G网络覆盖率。

所以，不管基于5G对元宇宙的作用，还是元宇宙对5G可能起到的反哺作用，对于5G网络行业的布局各大企业都是不可能忽略的，都在积极抢占5G市场。

截至2021年3月，全球5G核心标准必要专利共有4796族，各企业部分情况如表6-3所示。

表6-3 各企业5G专利情况

5G专利技术总量：4796族		
企业	数量	占比
华为	1021族	21.3%
三星	562族	11.7%
LG	538族	11.2%
高通	470族	9.8%
诺基亚	417族	8.7%
爱立信	326族	6.8%
其他	1462族	30.5%

6.7.2 算力基础设施：云计算

目前大型游戏采用的模式基本是"客户端+服务器"，对客户端设备的性能与服务器的承载能力要求极高。电子游戏技术是元宇宙的核心技术之一，但是元宇宙比起游戏有着更为丰富的内容、更庞大的用户量。因此对客户端与服务器的要求也更高，不过就当前的技术而言，只能把运算与显示进行分离，在云端 GPU 上进行如云存储、云渲染等一系列操作。因此，动态的分配算力的云计算系统就是元宇宙的一项基础设施。除了云计算，边缘计算也是搭建元宇宙的算力基础之一。

云计算产业链分布如下：

上游：硬件提供商，包括芯片、光模块、服务器、交换机等厂商；

中游：IDC 厂商及云服务提供商，云计算服务根据提供服务模式分为 SaaS、PaaS 和 IaaS；

下游：各类使用云的企业或组织。

当然，云计算不仅是元宇宙的设施基础，它也能为其他行业提供算力支持，因而各大企业早在云计算产业链中大力发展。

关于我国各大企业在云计算领域的布局如下：

2008 年，国内首个云计算公司阿里云成立；

2010 年，阿里云攻克分布式操作系统"飞天"、腾讯于 2010 年立项研究云计算、华为公布云计算战略；

2012 年，Ucloud、青云、金山云等云计算企业相继成立；

2017 年，20 余家国内大型云计算厂商融资总金额超过百亿元；

2017 年，腾讯云正式支持私有化部署和云化部署，具备混合云管理能力的专有云 TStack。

2018 年 4 月，微软 AzureStack 混合云解决方案正式实现在华商用；

2018年6月，阿里推出ApsaraStackEnterpriseV3.0，ApsaraStack面向大中型企业，是基于与阿里云同样的底层专有云架构。

……

2020年，中国云计算市场呈现马太效应，头部厂商占绝大多数市场份额，阿里云、腾讯云、华为云、天翼云位居整体云服务市场份额前四。

这些数据代表早先进入云计算产业布局的企业，如今已是云计算头部厂商的企业，在元宇宙行业里有了其他企业不具备的先天优势。

6.7.3 图形处理基础设施：GPU

元宇宙的构建是一个非常庞大且复杂的系统化工程，它需要非常多的技术支持，其中就包括GPU。什么是GPU，百度百科这样定义："全称Graphics Processing Unit，又称显示核心、视觉处理器、显示芯片或绘图芯片，是一种专门在个人电脑、工作站、游戏机和一些移动设备上运行绘图运算工作的微处理器。"

当下AI、云计算、数据分析和高性能计算等核心科技行业都需要GPU这种顶级图像处理技术的支持。这种需要高渲染、高算力的元宇宙，自然也需要GPU的强力支持。具体作用如下：

第一，3D渲染。元宇宙是一个3D虚拟世界，GPU可以帮助元宇宙高效构建3D虚拟场景或真实世界的数字孪生。

第二，超高算力。GPU与云计算一样，都具备超高算力。元宇宙中的内容、网络、区块链、图形显示等一系列功能都需要强大的计算能力支持。无论是运行实时高速图形渲染或是 3D 图形加速引擎，都需要高性能的 GPU 技术来作支撑。

英伟达是将元宇宙概念落地的先行者与倡导者，而它之所以能称为先行者与倡导者，是因为它拥有元宇宙的基础设施"GPU"。

英伟达（NVIDIA Corporation）是一家以设计显示芯片和主板芯片组为主的人工智能计算公司，是 GPU 的发明者。在可编程图形处理器方面拥有先进的专业技术，在并行处理方面实现了诸多突破，是大多数企业的 GPU 供应商。据研究机构 Jon Peddie Research 的数据显示，2021 年第一季度全球独立 GPU 领域中，英伟达是数据中心 GPU 市场领导者，市场份额高达 81%。

2021 年 1 月 5 日，推出新产品 Omniverse，英伟达将其称为"创建元宇宙数字化虚拟空间的技术平台底座"，在测试期间就颇受认可，已被视为潜力最大的元宇宙开发平台。英伟达官网介绍了它的优势：

第一，提供用户和应用间的实时协作。在单个交互式平台上实时整合用户和主流行业 3D 设计工具。无须准备数据便可即时进行更新、迭代和更改，从而简化工作流程。

第二，保证实时的速度，离线工作的质量。Omniverse 提供可扩展的、实时光线追踪和路径追踪。实时实现精美、物理级准确且逼真的视觉效果。

第三，RTX 技术助力，模拟现实情景。只需构建模型一次，即可随时随地渲染。在任何设备上实现 NVIDIA RTX™ 技术渲染的逼真度。轻松分享您的工作成果，并确保其原样呈现。

第七章 趋势：
元宇宙的下一步走向哪儿

元宇宙是基于下一代网络技术搭建的全新生态，终端设备是元宇宙的接口，区块链是元宇宙经济体系的核心，用户则是建设元宇宙生态的工程师。有了这些核心要素的支撑，元宇宙已经有了雏形，但是离真正成熟的元宇宙还非常远。目前，技术尚未完全成熟，市场也未完全稳定，未来，元宇宙的下一步将走向哪里，各位入局者和关注者只能依靠现有数据和走向进行预测和分析。

7.1 个人身份价值将被重塑

我们要进入元宇宙,需要先注册一个身份,它是由代码承载、数字构成的虚拟身份,也就是元宇宙身份系统。元宇宙的身份系统与现实中的身份证一样,它是一个独立的、独特的数字人的身份。虽然是虚拟身份,但却具备人格特征,拥有自由参与和共同生活的需求和能力。

身份系统是元宇宙中所有因素的基础,因为在元宇宙中你创造的价值、归属的责任、承担的义务、遵守的法则都是由这个身份认定和执行的。

也许有人疑问,那这样的身份与现实世界中的身份有什么不同呢?它当然不同。因为在元宇宙中个人身份价值将被重塑。

7.1.1 更自由的身份体验带来更多价值

为什么说元宇宙的个人身份价值将被重塑?我们可以以"自由"这个词语为切入点进行理解。元宇宙身份系统的自由有两个理解维度(见图7-1)。

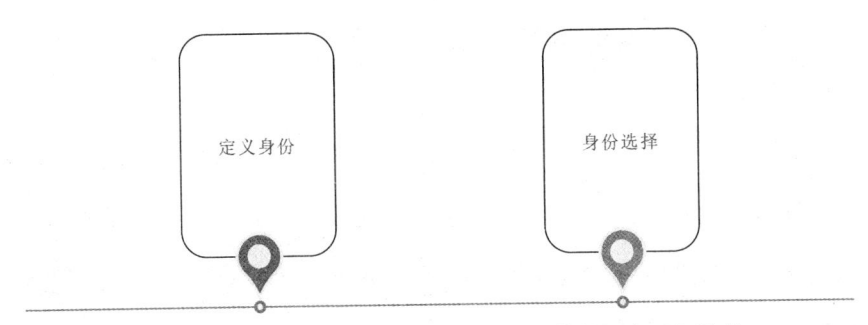

图 7-1　元宇宙身份系统体现自由价值的两个理解维度

定义身份的维度在元宇宙的多种身份可以给用户带来更多的人身体验，在元宇宙中，你可以成为任何你想成为的人，或是一人身兼各种身份，你可以是建筑师，可以是企业家，可以是农民……每个身份都可以带给用户不一样的人身体验；身份选择的维度是指在元宇宙的世界中："元宇宙只规定你不能做什么，而并不规定你能做什么。"也就是说，只要不触犯元宇宙规则，你可以做任何有能力做到的事情，甚至没有能力，元宇宙也能为你提供能力实现你的目标。比如你想成为一个游戏设计师，但是对于游戏设计只是入门级别，而元宇宙平台则可以给你提供游戏设计的工具和模板，帮助你完成梦想。

这种在虚拟世界中因自由获得快感，与游戏世界里的快感不同。游戏世界里虽然也可以虚拟身份，但那个身份只能从游戏制作方设置好的角色中做选择，而且游戏制定了获胜的标准，用户想要实现目标，只能按照游戏平台制定的规则走。所以同样是虚拟世界，元宇宙虚拟世界与游戏虚拟世界给用户带来的自由是不一样的。因此，元宇宙出现后可以吸引更多的人加入，甚至把原有游戏平台的用户吸引到元宇宙中，而用户就是最大的经济价值。

7.1.2 每一个数字形象构成都能产生价值

元宇宙世界里的数字形象可以由自己塑造，比如选择自己喜欢的头像，按照自己的审美标准去捏自己的脸，选择符合自己风格的服饰……而这自主塑造的背后不仅代表用户的兴趣、审美，更代表着一个庞大的经济市场。因为在元宇宙的世界里，就连头像也能"卖钱"。

在 2021 年 5 月全球顶级拍卖行佳士得的拍卖会上出现了一起令人震惊的事件：一个由三个女性头像、五个男性头像、一个拥有蓝皮肤外星人头像组成的 Cryptopunk NFT 作为拍卖品参与竞拍。更让人惊讶的是，这九个由纯数字化构成的且毫不起眼的虚拟头像，最终以 1697 万美元的总价拍卖成交。

这并不是一个偶然事件，一个月后，在苏富比的在线拍卖活动中，编号为第 7523 的 Cryptopunk NFT 被成功拍卖，单个成交价达到 1175 万美元。

……

这只是一个虚拟头像？为什么却能拍出天价？难道这是"富人们无聊的游戏"？当然不是！因为在元宇宙中，构建个人身份的每一个元素都有极高的经济价值，这个经济价值是多个深层次元素共同作用的结果。

第一，NET 技术让虚拟头像具备历史的稀缺性与特殊价值；

第二，区块链技术决定了虚拟头像的强产权属性；

第三，在元宇宙中用户有强大的共识，虚拟头像可以扮演社交货币的角色。

所以，未来在元宇宙的世界中，脸、皮肤、服饰等每一个构成个人身份形象的元素，都将产生巨大的经济价值。

7.2 社群将成为主流组织方式

古语有云："物以类聚，人以群分"，喜爱美食的人更喜欢和喜欢美食的人聚在一起；喜爱足球的人更喜欢和喜爱足球的人聚在一起；喜欢美术的人更喜欢和喜欢美术的人聚在一起……按照相同的特性和喜好，人类自动分成了一个个圈子，也就是社群。

社群从人类诞生起就存在，最初可能是通过族群的方式，随着社会的发展，社群更是以各种各样的姿态存在。自互联网出现后，其无边界的限制、大数据的推荐机制、无须依靠线下作为聚集载体的特质，让社群的形式、规模得到了极速的发展。一些人只是在互联网上聚集一些有相同爱好的人拉起一个社群，就能够做出一家企业。比如樊登读书，依靠一个读书社群，就创造了一家市值上亿的企业。互联网让社群的价值发挥到了极致。

而到了元宇宙时代，组织上形态的升级让社群的价值又一次得到了升级，开放、公平、透明、共生的"经济社群"将成为主流的组织形态，社群的作用也将最大化。通过社群组织变革的力量，助力各行业实现效率的变革，创造更加公平、普惠、可持续的数字经济新方式。

7.2.1 元宇宙社群分配方式：收益农耕

在互联网时代，其各大平台的组织形式除了传统公司具备的股东、管理层、员工等角色之外，还出现了如淘宝卖家、外卖骑手、网约车司机等重要的参与者。他们提供了平台赖以发展的生存要素与核心资源的新劳动者。

但是，这类新劳动者的贡献与回报并不成正比。因为虽然他们借助互联网搭建的基础设施与客户资源进行了劳动，但却是以外包的身份，只能参与平台的交易分成，却没有自主权利，平台随时都能改变交易分成，或其参与平台权利。

如今，各大互联网平台都在打造元宇宙，但是如果还是把这一套价值分配方式搬到元宇宙中，不仅现实中的矛盾无法解决，甚至可能被激发。所以，只能改变价值分配方式。

在元宇宙中，人人都会成为某个平台社群中的一员，成为其中的贡献者，只要找到更好的价值分配方式，就能激励用户们为留在元宇宙中为社群去做贡献，而"收益农耕"无疑是值得探讨的一种新的价值分配方式。

收益农耕原是指在 DeFi（DeFi，即 Decentralized Finance，意即"去中心化金融"或者"分布式金融"）生态系统中用户赚取被动收入的一种方式，用户通过现有资产赚取更多的加密货币，在这个过程中，用户不仅可以赚钱，还能通过赚钱来换取参与 DeFi 应用程序的机会。收益农耕工作原理是让被称为流动性提供者的用户把加密货币添加到 DeFi 平台的智能合约中，添加成功后用户就能够获得一种代币形式的奖励。一般指用去中心化协议构建开放式金融系统。

因为收益农耕是一种基于区块链智能合约而实现的自动化、定量化、透明化、实时化的平台价值分配机制，所以它比传统的价值分配方式更适合元宇宙社群。

实际上到了平台经济时代，数字贡献者已经成为平台价值的主要创造者，但显然他们并没有合理地参与平台价值的分配，也完全没有参与治理的可能。

比如我们在一个以智能合约为基础的全自动化的分布式借贷平台上，这个平台因为用户的借贷以及存储需求形成了一个元宇宙社群。用户在这个平台上可以存入或借贷数字资产。所有的存储、借贷行为都是通过智能合约完成的，不受人工干预，任何人都无权挪用存入资产，而借贷利率也不是人为制定，而是由算法自动调节。在最大限度上保证了资金的安全、借贷的公平。

在平台上，存款和借款就是支持其运行的核心资源，存款人和借款人就是该平台的社群成员，是价值贡献者。但是如何激励这些成员做出更多的贡献呢？可以采用收益农耕的模式来公平分配平台价值。无论是借款人还是存款人，只要完成一笔借款或存款，就能定期自动获得平台发放的数字资产奖励，奖励额与资产规模挂钩。

社群规模越大，奖励的数字资产价值也就越大，社群成员获得的回报也就越高，且只要做出了贡献，就能够持续获得社群的价值分配权利。

收益农耕的价值分配方式有以下两个优势（见图7-2）。

01 #ONE　社群成员只要做出贡献就能分配平台未来长期价值，贡献得越多，收入也就越多，与平台形成共生关系

02 #TOW　智能合约根据每个人的贡献程度进行定量化、自动化的分配，保证了价值分配的透明、公平、开放

图7-2　收益农耕分配的两个优势

7.2.2 元宇宙社群价值创造：分布协同

既然元宇宙将一个个社群作为组织形态存在，那么如何治理才能维持价值创造的秩序呢？分布式协同模式无疑是最好的模式。这种价值创造方式现实中早有成功实践案例。

2000年，吉米·多纳尔·威尔士和拉里·桑格合作开发了免费的在线百科全书Nupedia，但效果却不理想，花费25万美元邀请具有专业背景的专家和学者编写词条，在耗时18个月后，只建立了12个词条。

于是威尔士决定改变词条创作的方式，在基于Wiki技术上创建了一个人人可参与编写的新形态"百科全书"。Wiki技术是一种允许多人对文本进行浏览、创建、更改的协作技术。进入Nupedia的用户，既是读者也是创作者，可以根据自身知识经验对词条进行编辑。

根据威尔士的设想，维基百科如果要拥有8万词条，需要10年时间。但结果大出威尔士所料，仅仅用了3年时间，维基百科词条数量就突破了

10万，并以惊人的速度持续增长，现在，维基百科词条已经是全球最大词条库之一。

维基百科词条的关键点不仅在于允许每个人进行创作，还允许多人对一个词条进行编辑，根据词条的错误、疏漏进行补充，完善词条的内容。

维基百科的案例不仅证明了社群的力量，也证明了分布协同创作方式的可行性。

未来的元宇宙世界中，不管是由各大企业平台在元宇宙中构成的社群，还是由志同道合的朋友自发组织起来的社群，在分布协同的工作原理上，每个人都能够用非常简单的方式参与其中，贡献自己的力量，并借此参与社群价值分配。

也就是说，未来志同道合的朋友都可以很容易地组成社群，这种社群非常开放，每个人都可以用非常简单的方式参与其中，贡献自己力所能及的力量，并以此参与社群价值的分配。

•元宇宙未来应用

7.3 核心技术更新速度加快

人类进入元宇宙这片"新大陆"的过程就像是一个大航海,虽然对海的另一边有过设想,但谁也不知道具体会出现什么样的情形。而之所以有了远航的梦想,是因为如罗盘、帆船、星辰规律等各种技术的出现,这些技术让人类拥有了跨越大洋的能力,于是就产生了航海去发现新大陆的梦想。走向元宇宙时代所需要的技术,就如大航海所用到的技术一样,需要一样一样地开发,然后不断发展成熟,最终成为打造元宇宙的底层技术。

就目前而言,各项技术可以支撑起初级元宇宙,但如果要完全实现对元宇宙的设想,像大航海一样跨到海洋的另一边,需要不断地完善技术。所以,未来,各大企业将投入极高的成本提高核心技术水平,这一点从各大企业对相关产业链的布局就可以看出。那么,具体的情况如何呢?我们接着往下看。

7.3.1 元宇宙需求推动核心技术发展

元宇宙要接近真实世界,就需要填充许多真实世界的自然景象,比如非洲大草原、喜马拉雅山、长江、黄河，而这需要大量模拟数据的支持。为了打造出超强沉浸感的虚拟世界，元宇宙入局者就要寻找相关的办法，那么具有气候灾害模拟数字的孪生技术就进入了他们的视线，为了得到更多更真实的模拟数据，入局者必然会加大投资，促进数字孪生技术的精进。

元宇宙要运行起来，就必须拥有低时延的网络，目前 5G 网络技术已经符合初级元宇宙的网络运行要求。但是一旦真正的元宇宙成型，5G 网络就无法满足网络运行要求。为了让元宇宙早日成形，各大入局者势必也将加强在通信领域的布局，早日实现 6G、7G 的网络。华为、高通、LG 等企业已经掌握了 5G 网络技术，且在研究 6G 网络技术的企业中有着极大的优势。但无疑，有了元宇宙的"诱惑"，这些企业必然会加快研究进度，既成为通信行业的领先者，也成为元宇宙行业的领导者。

在现在的商业环境下，是市场有需求，企业才会生产产品，产品有痛点，企业才会精进相关技术。元宇宙也是如此，因为元宇宙有更高的技术要求，只有拥有相关技术的企业，或是元宇宙入局者才愿意主动提高技术能力。

7.3.2 元宇宙用户成为技术更新者

元宇宙搭建后，如果要进一步丰富内容就必须借助外部力量。这个外部力量就是用户，他们不仅要成为元宇宙的使用者，也要成为元宇宙的内容创作者。而这就需要元宇宙技术系统具备开放性,技术系统越开放,元宇宙生态就越繁荣。同理,元宇宙基础技术的完善与更新也需要用户力量的参与。

互联网公司为什么能对传统公司的产品与渠道体系形成巨大打击?根本原因是互联网产品的生长能力远大于以往依托于固定资产的商业模式。因为生产资产的固定,传统企业的产品要想快速更新是极为困难的,即使出现新技术,要想更换也需要极大的资金以及极为烦琐的批复流程。但是互联网公司不同,它最小的一个可用产品在发布之后就能够根据用户反馈加速迭代,从而在体验与效率上远超传统企业。就比如打车行业,在线打车软件可以根据用户的反馈不断地完善,但传统出租车行业即使明知问题存在,也很难给出或执行解决方案。

总的来说,互联网公司能打败旧有商业体系的原因是它们的"生长逻辑大于产品逻辑",这个"生长逻辑就来自用户"。

而元宇宙的生长逻辑更为明显,用户不仅是元宇宙各种产品、内容、体验需求的反馈者,更是它们的创作者。比如用户会对进入元宇宙的方式提出建议,对现有的进出方式提出反馈,对元宇宙内的场景内容并不满意,于是提供技术与工具让更多的人参与到场景丰富中。元宇宙的用户不再只是用户,而是技术更新者。

7.4 经济形态改变，数字经济将成主流

元宇宙要想成为一个新的生态，必须有相应的经济系统作为动力及运作支撑，就像现实中的企业一样。但是元宇宙中的产品都是虚拟的，如何才能产生价值，推动经济发展呢？这就需要改变经济载体，将经济数字化。也就是说，元宇宙中的经济系统是以数字经济的形式存在的。

什么是数字经济？百度百科是这么定义的："作为经济学概念的数字经济是人类通过大数据（数字化的知识与信息）的识别—选择—过滤—存储—使用，引导、实现资源的快速优化配置与再生、实现经济高质量发展的经济形态。"

7.4.1 数字经济的应用技术

元宇宙的核心技术也是数字经济的应用技术，其主要应用技术如图7-3。

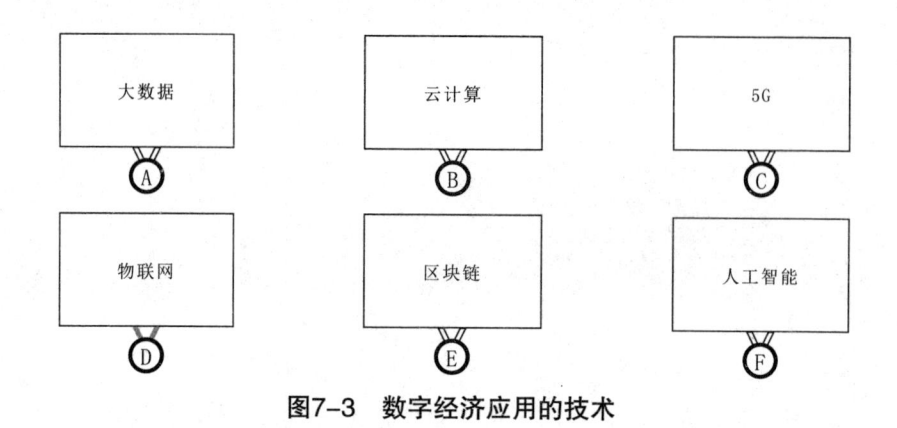

```
┌─────────┐      ┌─────────┐      ┌─────────┐
│  大数据  │      │  云计算  │      │   5G    │
└────Ⓐ───┘      └────Ⓑ───┘      └────Ⓒ───┘

┌─────────┐      ┌─────────┐      ┌─────────┐
│  物联网  │      │  区块链  │      │ 人工智能 │
└────Ⓓ───┘      └────Ⓔ───┘      └────Ⓕ───┘
```

图7-3　数字经济应用的技术

7.4.2 数字经济的四大特性

元宇宙中的数字经济具有以下特性：

第一，载体虚拟化。元宇宙是以虚拟的形式存在的，其经济系统所能用于交易的产品也是以数字化的形式存在，因此其货币支付的形式也是以数字形式存在的虚拟货币。

第二，高附加值。元宇宙中的数字产品投入的主要是知识成本，因而较难核算价值，且以虚拟形式存在的产品并不能运用传统经济学的擅长定价策略进行定价。只能从高附加值的角度来给数字产品定价。就像是元宇宙中的虚拟头像，为什么能拍出千万美元的天价？根本原因就是区块链、NET 等高新技术给予的高附加值。

第三，边际效应递增。主要表现为两个方面（见图 7-4）。

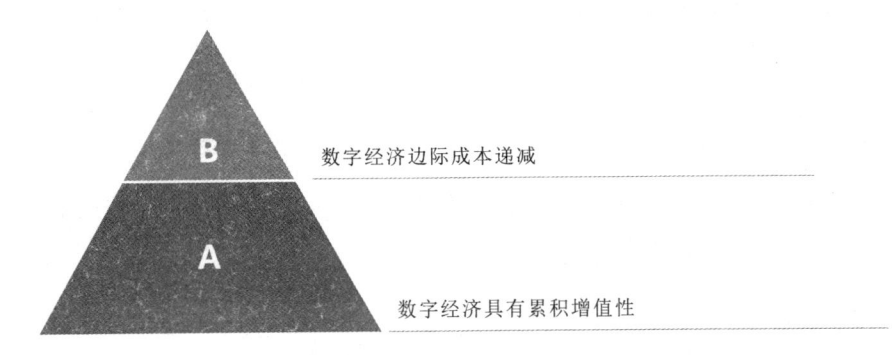

图 7-4 边际效益递增的两大表现

第四，价值受外部影响。一是因为部分数字产品在使用时本身就存在外部经济性特点，比如为了吸引用户访问，一些元宇宙平台在提供收费服务的同时也提高额外免费数字服务；二是因为数字产品使用者越多，每个用户从中得到的效用就越多。对于元宇宙平台而言，用户越多，对于元宇宙平台中的创作者来说，就能得到越多的价值回报。

7.4.3 数字经济的四大体现

数字经济在元宇宙的经济系统构建中主要体现在以下四个方面：

第一，数字创造。产品是经济体系的基础，有产品才能产生价值，有价值才有交易，有交易才有支付载体。所以，如何创作出数字化商品，是元宇宙构建经济体系时首先要考虑的一点。一般来说，元宇宙中的数字产品都是通过代码数据完成的，不过一些平台已经提供了无代码的创作方式，创作门槛的降低，极大地提高了数字产品的丰富性。

第二，数字资产。通过数字创作产生的数字化内容就是数字资产，数字资产只要通过产权权属证明，就可进行数字交易。一般情况下，元宇宙的数字资产生产方式有两种：一是PGC，是指由元宇宙平台本身来进行创造，体现专业性，但是创作门槛高，内容产量少；二是UGC，是指让用户自己在元宇宙中自主生产内容，平台只需要提供产权权属确定标准，为数字资产提供交易基础即可。

第三，数字市场。有产品、有资产并不够，还需要有可交易的市场。因此，元宇宙平台需要打造一个能满足不同用户的交易诉求的数字市场，才能将元宇宙的产品和资产盘活。

第四，数字货币。有了数据市场就有了交易，而交易需要通过一种媒介来完成。元宇宙不是现实世界，有真实的货币系统存在，以物易物的方式也很难对价值进行衡量，所以还必须打造基于区块链技术的数字货币，作为交易的媒介。

7.5 未来挑战：直接决定未来发展前景

元宇宙是下一个互联网形态，是一个高度发达的数字世界，人们可以在里面生活、工作、娱乐、购物、学习。于是，对元宇宙的美好构想，各大企业纷纷入局，希望率先抢下元宇宙的红利。但是，一些企业只看到了元宇宙利好的一面。未来，元宇宙将面临以下挑战，如果这些挑战不能解决，那么真正的元宇宙就不可能实现。

7.5.1 社会认可挑战

虽然 Z 时代是伴随互联网成长起来的一代人，他们对新兴事物的接受度更高。但是，也不代表全部都能接受。此外，整体社会环境对元宇宙秉持何种态度，其实质在于元宇宙行业发展所带来的潜在风险、伦理道德以及实际价值体现。就比如之前的人工智能，因为被社会认可，所以才能发展迅速。

7.5.2 数据安全挑战

元宇宙时代无疑也是一个数据时代,所以数据时代会存在的数据安全问题,元宇宙时代也会存在。有人说区块链可以保证数据安全,但这只保证了"中心化"带来的数据风险。如果出现病毒入侵或是账号被盗的问题,这种情况又该如何保证呢?要知道当下的互联网病毒防护技术还是有很大的漏洞,而元宇宙的数据价值更高,运行规模更大,对于安全软件的性能要求不只是高出一两倍。这个问题不解决,用户还是无法安心地进入元宇宙,即使愿意使用元宇宙,也不放心在此进行大笔涉及经济利益的交易行为。

7.5.3 经济系统挑战

元宇宙要想持续运行就必须建立一套属于自己的经济系统。但是元宇宙不同于现实世界,不存在传统的产业结构,经济形态也与现实世界不同,没有真实的产品和货币。虽然,在元宇宙世界里可以用虚拟产品和货币代替现实中的货币,起到流通作用。但是,如何合法、合理地去打造这套经济系统,又如何让虚拟产品的价值受到认可并流通起来,而不仅局限于某个虚拟世界中,将是巨大的挑战。

7.5.4 生态秩序挑战

不管在哪个形态的社会,只要有群体存在,就会出现统治与被统治,因此,如何解决统治与被统治、垄断与反垄断、治理与冲突等矛盾,维持元宇宙内的生态秩序,保证元宇宙世界里的民主自由、公平正义、建立和谐共存的规则制度,是元宇宙平台必须重视的问题。

7.5.5 适用法律挑战

在元宇宙成型,成为人类生活、工作不可或缺的一部分后,如何管制元宇宙不失控?现实中的法律问题是否适用于元宇宙?如何适用又要做哪些调整?这些问题我们都不能用模糊观念来对待。未来,元宇宙可能会遇到以下法律问题:

第一,虚拟身份问题。元宇宙的数字化身份是用户在元宇宙中作为参与主体区别于其他主体的主体资格,它虽独立于现实身份而存在,但也与现实身份一样,也具备姓名、签名、图像、肖像、声音等要素,所以现行法律也给予了虚拟身份一定程度的法律保护。《民法典》第1014条、第1017条规定了虚拟身份受法律保护,明确符合一定条件的网名参照适用姓名权、名称权相关规定,惩戒干涉、盗用、假冒知名网名行为。

但是,用户在元宇宙中的身份可能不止一个,此外虚拟身份,它除了上述部分能得到保护,其他个人权利是否能得到保护?比如网络虚拟身份造成的损害是否可以折射至现实本人?这是接下来关于元宇宙法律需要重点探讨的方向。

第二，财产保护问题。每一个元宇宙都需要拥有一套内部经济系统，用以维持元宇宙的运转。用户在元宇宙创作虚拟产品，这些虚拟产品具备一定的经济价值，用户可用虚拟产品进行交易，获得虚拟货币。这些虚拟产品、虚拟货币都属于用户的个人财产。比如元宇宙游戏 Roblox 就拥有自己的经济系统，用户可在平台上开发游戏、销售游戏道具，以此获得游戏货币，这些货币可在平台中流动，也可与现实世界中的美元互换。

但是虚拟货币属于虚拟产品，它是否能和真实货币一样受到法律保护呢？以中国地区为例。根据中国人民银行等七部委于 2017 年 9 月 4 日联合发布的《关于防范代币发行融资风险的公告》中，将比特币、以太坊等区块链加密货币均定义为"虚拟货币"，属于虚拟财产范畴。

《最高人民法院、国家发展和改革委员会关于为新时代加快完善社会主义市场经济体制提供司法服务和保障的意见》中表示，虚拟财产具备财产的基本特征，可以通过金钱作为对价进行转让、交易并产生收益的财产，受到法律的保护。

那么，其他的货币呢？比如 Roblox 的游戏货币是否也能如比特币一样被认定为虚拟财产，然后受到法律保护呢？被认定为虚拟财产的标准有哪些？这些都需要一一解决，元宇宙平台内的虚拟财产不受法律保护，就很难打造出自己的经济系统。